Tabelas e gráficos dinâmicos no Excel

Um guia visual passo a passo

Excel 2016/2013

Inclui projetos práticos com soluções para iniciantes

Por

Bolakale Aremu

Tabelas e gráficos dinâmicos no Excel

Um guia visual passo a passo

Translator: Mariele Freitas
ISBN: 979-8-3493-0781-2

Publicado nos Estados Unidos

Índice

Como utilizar este livro

Este livro pode ser utilizado como um tutorial ou guia rápido de referência visual. É destinado a usuários que conhecem o básico do Microsoft® Excel® e estão prontos para desenvolver ainda mais essa habilidade aprendendo sobre as ***tabelas e gráficos dinâmicos***.

Este livro assume que você já sabe criar, abrir, salvar e modificar uma pasta de trabalho do Excel® e tem familiaridade com a barra de ferramentas (Ribbon).

A maioria dos exemplos presentes aqui usam o **Microsoft Excel 2016**. Porém, as funcionalidades e fórmulas podem também ser aplicadas na **versão 2013 do Microsoft Excel**. Embora as imagens usem a versão de 2016, as funcionalidades e a interface não são muito diferentes se está utilizando a versão 2013.

Por favor, salve e faça o backup do seu trabalho sempre que possível. Uma boa prática ao testar qualquer nova funcionalidade é criar uma cópia da planilha original e implementar suas mudanças na planilha copiada. Se algo der errado, poderá recorrer à original.

Link de download para lista de exercícios

As listas de exercícios que utilizaremos mais a frente estão disponíveis para download no site a seguir: https://bit.ly/3aOaiSn.

Capítulo 1: Introdução a tabelas dinâmicas

Os bancos de dados contêm dados brutos de tópicos variados e são, normalmente, organizados de maneira tabular. Em muitos casos, a sobrecarga de dados pode dificultar no uso da informação e na sua conversão em conhecimento relevante.

O que é uma tabela dinâmica?

É uma técnica simples, porém poderosa, que permite aos usuários do Excel transformar uma sobrecarga de dados em conhecimento significativo e bem-organizado. Ao usar uma tabela dinâmica, usuários podem realizar diversos cálculos em seus dados, como média, contagem, encontrar valores mínimos e máximos etc.

Ademais, a tabela dinâmica permite a filtragem e organização de dados de forma rápida e fácil. Usuários podem focar em uma parte ou em todos os dados, até quando as tabelas são grandes (alguns bancos de dados podem conter mais de um milhão de registros); com isso os usuários podem obter seus dados desejados de maneira limpa e concisa. Uma única tabela de dados pode ser utilizada para criar um milhão de relatórios e gráficos para análise, com várias amostras transversais, simplesmente arrastando campos para o local apropriado.

Então, a tabela dinâmica nos permite entender melhor processos e tendências. Também é uma ferramenta útil para tomada de decisões. Os dados da tabela dinâmica podem se basear em um arquivo existente do Excel ou em outros bancos de dados (ou seja, Access ou um banco baseado no SQL). Já que uma imagem vale mais que mil palavras, aqui estão alguns exemplos de tabelas dinâmicas derivadas do mesmo banco de dados da Fig. 1.0 mostrando os detalhes de funcionários de uma fábrica:

Employee No.	Start Date	Section	Department	Role	Gender	City	Monthly Salary
W1331	02/01/2005	Sales and Marketing	Marketing	Person Marketing	Female	Detroit	2,875
W1332	09/09/2005	Sales and Marketing	Marketing	Person Marketing	Female	Detroit	3,031
W1333	09/02/2009	Sales and Marketing	Marketing	Person Marketing	Female	Los Angeles	3,035
W1334	06/07/2007	Sales and Marketing	Marketing	Person Marketing	Female	Detroit	3,293
W1335	12/11/2009	Sales and Marketing	Marketing	Person Marketing	Female	Detroit	3,253
W1336	06/05/2005	Sales and Marketing	Marketing	Person Marketing	Female	Los Angeles	3,136
W1337	02/05/2002	Sales and Marketing	Marketing	Person Marketing	Female	Detroit	3,346
W1338	01/03/2003	Sales and Marketing	Marketing	Person Marketing	Male	Miami	2,864
W1339	03/10/2006	Sales and Marketing	Marketing	Person Marketing	Male	San Diego	3,178
W1340	04/11/2005	Sales and Marketing	Marketing	Person Marketing	Female	Detroit	3,007
W1341	11/05/2006	Sales and Marketing	Marketing	Person Marketing	Female	Los Angeles	3,027
W1112	02/12/2003	Sales and Marketing	Sales	salesperson	Male	New Jersey	3,741
W1113	04/09/2011	Sales and Marketing	Sales	salesperson	Male	Miami	4,015
W1114	06/08/2005	Sales and Marketing	Sales	salesperson	Female	Los Angeles	4,189
W1115	05/07/2008	Sales and Marketing	Sales	salesperson	Male	San Diego	3,651
W1116	04/06/2009	Sales and Marketing	Sales	salesperson	Male	Detroit	3,906
W1117	03/08/2004	Sales and Marketing	Sales	salesperson	Male	New Jersey	3,785
W1118	08/06/2011	Sales and Marketing	Sales	salesperson	Female	Detroit	3,707
W1119	02/05/2004	Sales and Marketing	Sales	salesperson	Female	New Jersey	3,916
W1120	07/12/2007	Sales and Marketing	Sales	salesperson	Female	Los Angeles	4,085
W1121	03/12/2010	Sales and Marketing	Sales	salesperson	Male	New Jersey	4,250
W1122	10/10/2001	Sales and Marketing	Sales	salesperson	Male	San Diego	4,241
W1123	02/01/2011	Sales and Marketing	Sales	salesperson	Male	Miami	3,666
W1124	04/01/2003	Sales and Marketing	Sales	salesperson	Female	Detroit	4,397
W1125	01/05/2011	Sales and Marketing	Sales	salesperson	Male	Los Angeles	3,662
W1126	08/11/2008	Sales and Marketing	Sales	salesperson	Female	Detroit	4,349
W1127	06/04/2008	Sales and Marketing	Sales	salesperson	Male	Miami	3,973
W1128	02/10/2006	Sales and Marketing	Sales	salesperson	Female	Los Angeles	3,661
W1129	12/04/2011	Sales and Marketing	Sales	salesperson	Female	Los Angeles	3,682
W1130	01/12/2002	Sales and Marketing	Sales	salesperson	Female	New Jersey	4,276

Fig. 1.0: Banco de dados de funcionários de uma fábrica

As tabelas dinâmicas a seguir são derivadas do banco de dados acima.

Número de funcionários em cada departamento:

Department	Count of Employee No.
Accounting	3
accounting department	6
Engraving	453
headquarters	3
Human Resources	9
Marketing	12
Sales	204
Welding	310
Grand Total	**1000**

Fig. 1.1: Número de funcionários em cada departamento

Distribuição de gêneros em cada departamento:

Count of Employee No.	Gender	
Department	**Female**	**Male**
Accounting	2	1
accounting department	4	2
Engraving	226	227
headquarters	2	1
Human Resources	4	5
Marketing	9	3
Sales	106	98
Welding	144	166

Fig. 1.2: Distribuição de gêneros em cada departamento

Salário médio em cada departamento:

Average of Monthly Salary	
Department	Total
Accounting	4,551.00
Accounting department	2,947.67
Engraving	2,027.04
Headquarters	4,730.33
Human Resources	3,037.22
Marketing	3,195.75
Sales	3,999.12
Welding	2,127.72
Grand Total	**2,504.88**

Fig. 1.3: Salário médio em cada departamento

Salário médio em cada seção, por cargo:

Average of Monthly Salary	Section		
Role	Management	Manufacturing	Sales and Marketing
Accountant	4,551		
Bookkeeper	2,773		
Department Manager	5,140	4,602	4,449
Engineer		7,474	
Manager	3,864	3,920	4,206
Person Marketing			3,095
Practical Engineer		7,385	
Production Worker		1,827	
Recruitment Coordinator	1,843		
salesperson			3,999
Senior Recruitment Coordinator	4,737		
Grand Total	**3,359**	**2,071**	**3,957**

Fig. 1.4: Salário médio em cada seção, por cargo

Conceitos básicos

Este capítulo apresenta conceitos básicos sobre as tabelas dinâmicas. Durante sua prática e estudo, os conceitos a seguir se tornarão mais claros:

- **Tabela de dados**: Um conjunto bruto de dados, organizados em uma tabela. Pode ser usada como a fonte de uma tabela dinâmica.
- **Tabela dinâmica**: Uma tabela que mostra dados em diversas interseções como descritas neste livro.
- **Coluna**: Uma seção vertical da tabela que consiste em dados do mesmo tipo como primeiro nome, identificação, cidade etc.
- **Campo**: O cabeçalho de uma coluna se chama "campo".
- **Célula**: A célula é a interseção de uma linha com uma coluna e contém os dados da tabela.
- **Item**: O dado em uma célula. Por exemplo, Nova Iorque e Detroit são itens no campo "cidade".
- **Registro**: Uma coleção de dados que aparecem em uma linha e pertencem a uma mesma entidade, por exemplo, todas as informações de uma pessoa.

Condições para criação de tabelas dinâmicas

Condições necessárias:

- Cada coluna deve ter um título.
- O título deve ser escrito em uma única linha.
- Em uma coluna, todos os itens devem ser de um mesmo tipo de dado (números, datas ou strings).
- A tabela de dados não deve conter nenhuma célula mesclada.
- A tabela de dados não deve conter subtotais ou totais finais.
- Linhas e colunas vazias não devem permanecer na tabela (se uma linha ou coluna vazia permanecer, o Excel tratará a tabela como duas diferentes).
- Após a criação da tabela dinâmica, não mude os títulos dos campos, caso contrário, os valores da tabela dinâmica serão deletados.

Condições desejáveis

- Nomes únicos para cada coluna (quando dois campos tem o mesmo nome, o título do segundo terá um apêndice no final com 2, por exemplo "salário2").
- Complete os dados em todos os registros (quando dados estão faltando, os cálculos só serão aplicados aos registros disponíveis). Isso pode ser observado em casos de cálculos como médias etc.

Limitações de uma tabela dinâmica

- Número de relatórios da tabela dinâmica na planilha: Limitado pela memória disponível.
- Itens únicos para cada campo.
- Relatório de campos de linha e coluna na tabela dinâmica: Limitado pela memória disponível.
- Relatório de filtro na tabela dinâmica: 256 (pode ser limitado pela memória disponível).
- Relatório de campos de valor na tabela dinâmica: 256.
- Fórmulas para itens calculados no relatório da tabela dinâmica: Limitado pela memória disponível.

Observação importante: Devido às limitações da tabela dinâmica e dependendo dos dados do seu computador, você pode preferir salvar os exercícios que aparecem neste livro em um arquivo separado ou em uma planilha para cada capítulo.

Capítulo 2: Criando uma tabela dinâmica

Criar tabelas dinâmicas no Microsoft Excel 2013/2016 é um procedimento rápido que consiste em três **passos básicos**:

- **Passo 1**. Selecione a fonte de dados e a localização da tabela.
- **Passo 2**. Arraste os campos desejados.
- **Passo 3**. Utilize os recursos da barra de ferramentas para cálculos e formatações (a maioria pode ser operada clicando com o botão direito do mouse na área correspondente da tabela dinâmica).

Fonte de dados

A fonte de dados de uma tabela dinâmica pode ser:

- O arquivo atual do Excel
- Outro arquivo do Excel
- Outros tipos de arquivo como:
    - Acess
    - Um banco de dados SQL

Selecionando de uma tabela de dados do arquivo atual:

- Uma vez que tenha pressionado INSERT Pivot Table, a tabela inteira será selecionada automaticamente.
- Um intervalo pode ser modificado selecionando outro intervalo.

Selecionando de uma tabela de dados de outro arquivo do Excel:

- Antes de criar uma tabela dinâmica, se certifique que o arquivo contendo a tabela de dados esteja aberto.
- Utilizando a barra de tarefas do Windows, selecione o arquivo de dados.

- Selecione o intervalo desejado.

Nós iremos discutir sobre a criação de tabelas dinâmicas a partir de outros tipos de dados mais adiante neste livro. Você deve seguir os passos nesse exemplo. Use o link abaixo para baixar a planilha de amostra:

https://goo.gl/9mLYRv

Estrutura da tabela dinâmica

Como deve ter notado no exemplo acima, a tabela dinâmica é dividida em três áreas principais:

1. A lista dos campos
2. As áreas da tabela dinâmica
3. A tabela dinâmica

Lista dos campos

A lista dos campos contém os títulos das colunas do intervalo selecionado.

Áreas

A tabela dinâmica é dividida em quatro áreas para qual os campos podem ser arrastados:

- **Colunas** – para onde campos a serem mostrados em colunas são arrastados.
- **Linhas** – para onde campos a serem mostrados em linhas são arrastados.
- **Valores** – para onde campos que terão cálculos performados (média, mínimo, máximo, contagem, desvio padrão etc.) são arrastados.
- **Filtros** – para onde campos a serem usados como filtros são arrastados.

As COLUNAS e LINHAS formam os pivôs da tabela dinâmica.

Criando sua primeira tabela dinâmica

Passo 1. Clique duas vezes na planilha que acabou de baixar para abri-la no Excel. Ela contém os dados da tabela dinâmica que queremos criar. Abrirá dentro da Sheet1 e vai se parecer como a da Fig. 2.0 abaixo:

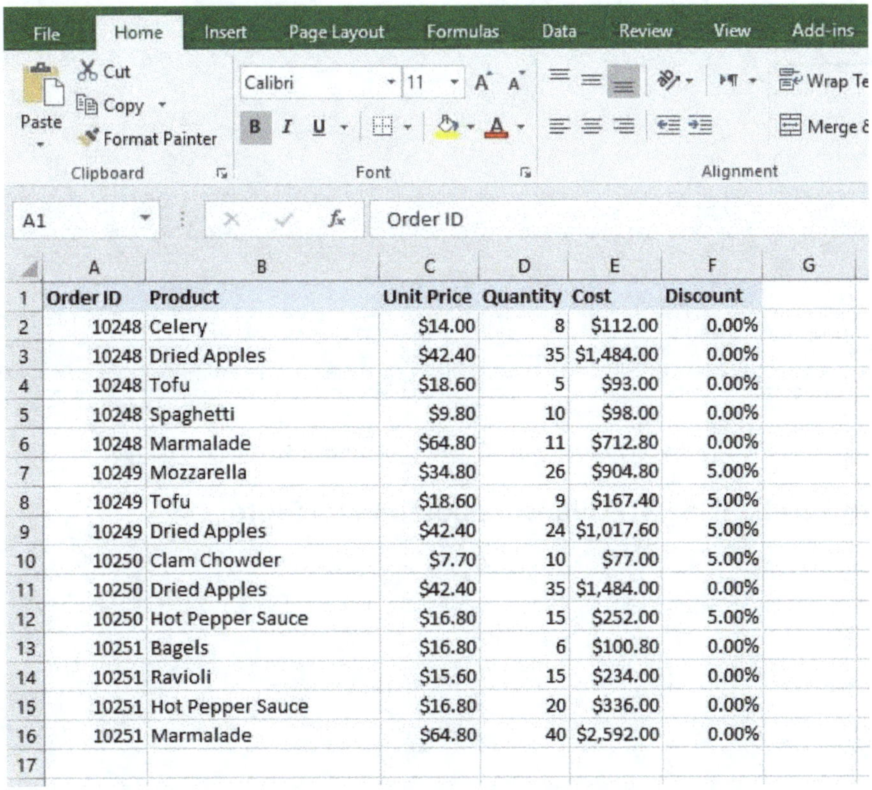

	A	B	C	D	E	F	G
1	Order ID	Product	Unit Price	Quantity	Cost	Discount	
2	10248	Celery	$14.00	8	$112.00	0.00%	
3	10248	Dried Apples	$42.40	35	$1,484.00	0.00%	
4	10248	Tofu	$18.60	5	$93.00	0.00%	
5	10248	Spaghetti	$9.80	10	$98.00	0.00%	
6	10248	Marmalade	$64.80	11	$712.80	0.00%	
7	10249	Mozzarella	$34.80	26	$904.80	5.00%	
8	10249	Tofu	$18.60	9	$167.40	5.00%	
9	10249	Dried Apples	$42.40	24	$1,017.60	5.00%	
10	10250	Clam Chowder	$7.70	10	$77.00	5.00%	
11	10250	Dried Apples	$42.40	35	$1,484.00	0.00%	
12	10250	Hot Pepper Sauce	$16.80	15	$252.00	5.00%	
13	10251	Bagels	$16.80	6	$100.80	0.00%	
14	10251	Ravioli	$15.60	15	$234.00	0.00%	
15	10251	Hot Pepper Sauce	$16.80	20	$336.00	0.00%	
16	10251	Marmalade	$64.80	40	$2,592.00	0.00%	
17							

Fig. 2.0: Planilha de dados de amostra carregadas na Sheet1

Passo 2. Selecione a Sheet2 clicando na parte de baixo da janela. Selecione a célula onde a tabela dinâmica será criada. Em nosso exemplo, é a célula **A1** na **Sheet2**. A seguinte janela aparecerá:

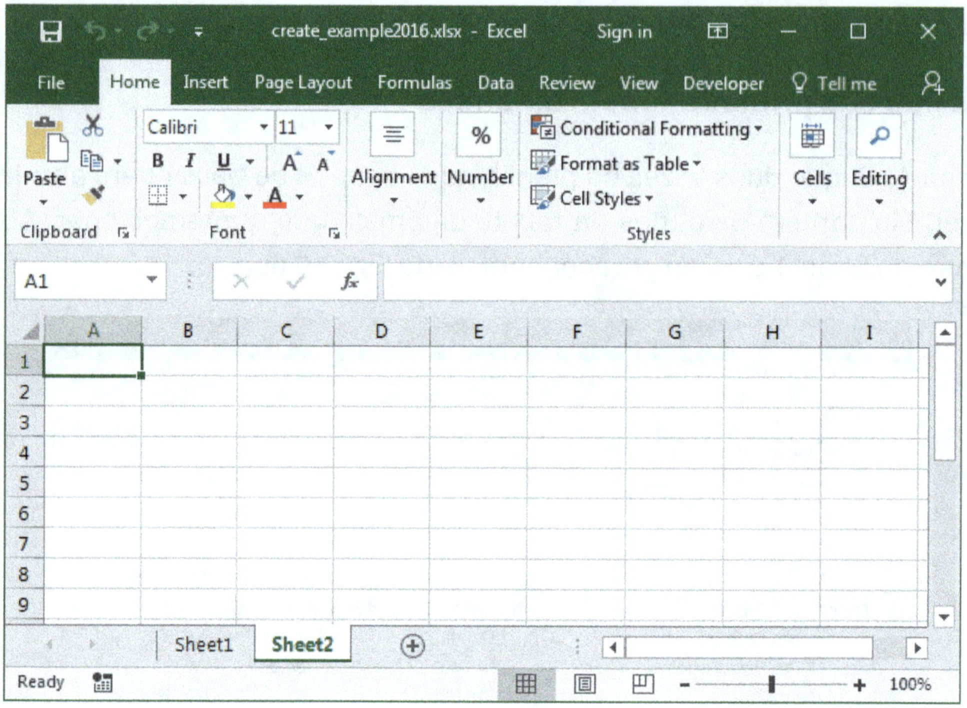

TechOnTheNet.com

Fig. 2.1: Sheet2 mostrando a célula A1 para nova tabela dinâmica

Passo 3. Na aba **INSERT**. Clique no botão **PivotTable**:

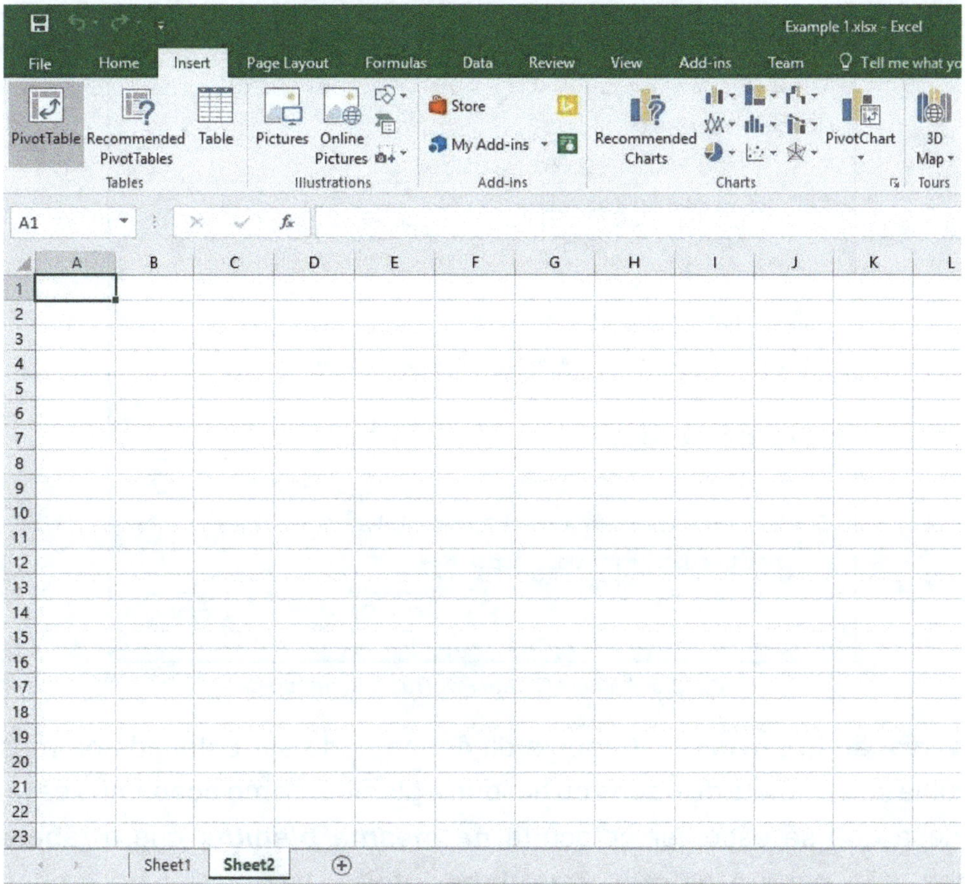

Fig. 2.2: Selecionando PivotTable na aba Insert

Uma nova janela - **Create PivotTable**- aparecerá como mostrado na Fig. 2.3. Se certifique de escolher a opção **Select a table or range** abaixo do subtítulo **Choose the data you want to analyze**. Veja que na Sheet1, nossos dados têm 16 linhas e F colunas. Portanto, nesta amostra, selecionamos as células A1 a F16 na Sheet1. Isso será indicado pelo código **Sheet1!$A$1:$F$16**. Copie e cole esse código no campo **Table/Range**. Clique em OK.

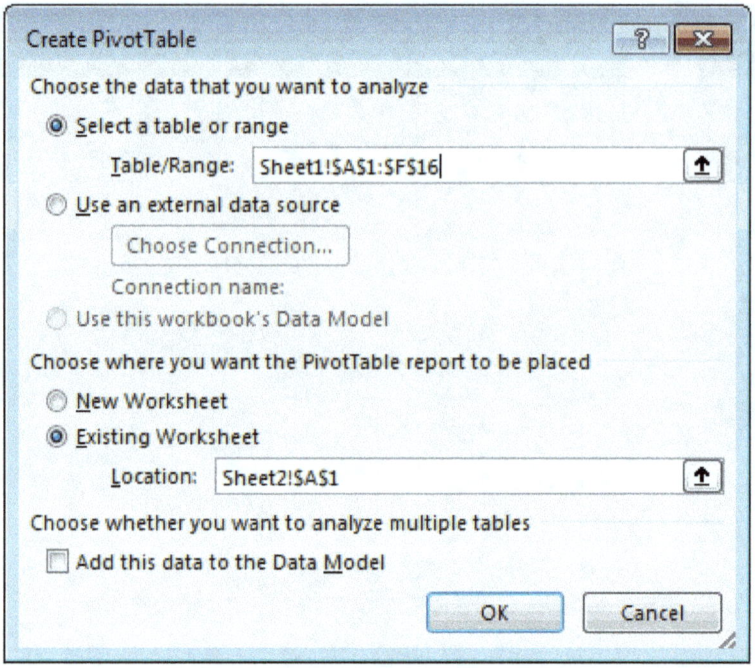

Fig. 2.3: A janela Create PivotTable completada

Observação importante: A tabela dinâmica pode ser colocada na mesma planilha que a tabela de dados ou em outra planilha como acabamos de fazer. Perceba que se escolher colocá-la ***na mesma planilha*** que a tabela de dados, **não poderá deletar uma linha inteira**. Isso vale para ambas as versões do Excel, 2016 e 2013.

A tabela dinâmica (comprimida para salvar espaço) deve estar parecida com a da Fig. 2.4:

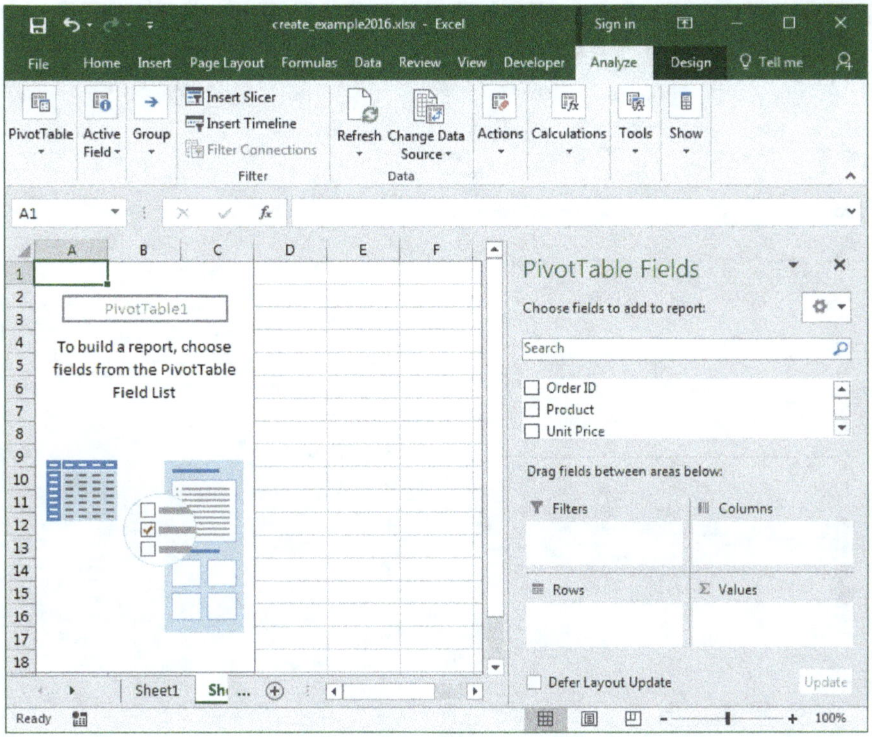

Fig. 2.4: Nova tabela dinâmica aberta

Agora selecionamos os campos a serem adicionados ao nosso relatório. A Fig. 2.5 mostra duas caixas de seleção ao lado dos campos selecionados **Order ID** e **Quantity**.

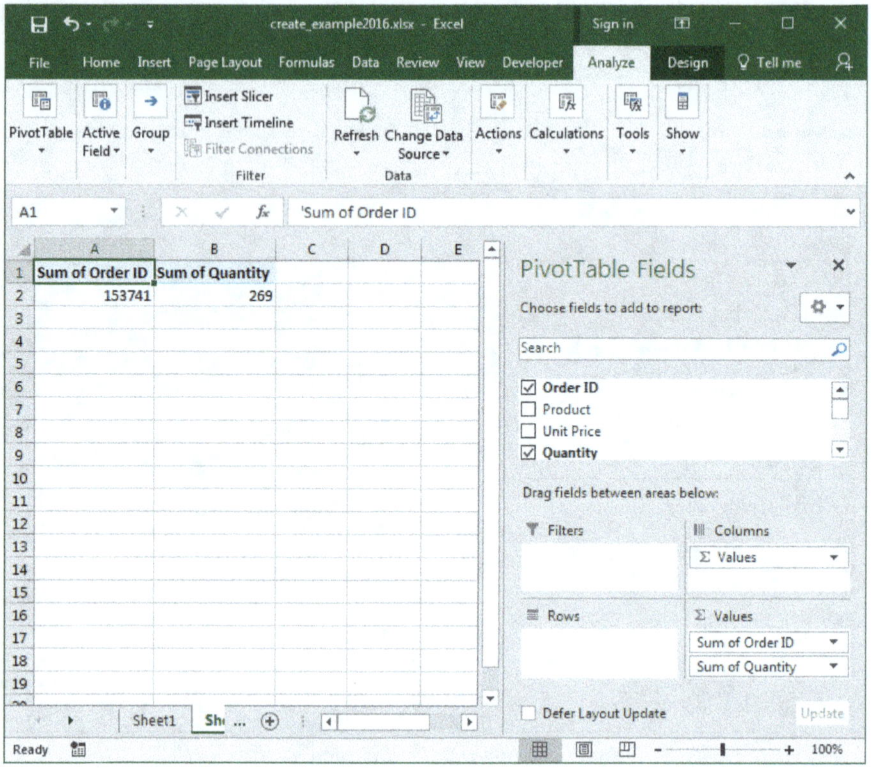

Fig. 2.5: Escolhendo os campos a serem adicionados ao seu relatório

Agora, na seção marcada **Values** no canto inferior direito, clicamos e arrastamos o **Sum of Order ID** para a caixa vazia na seção **Rows** (indicada pela flecha vermelha na Fig. 2.6).

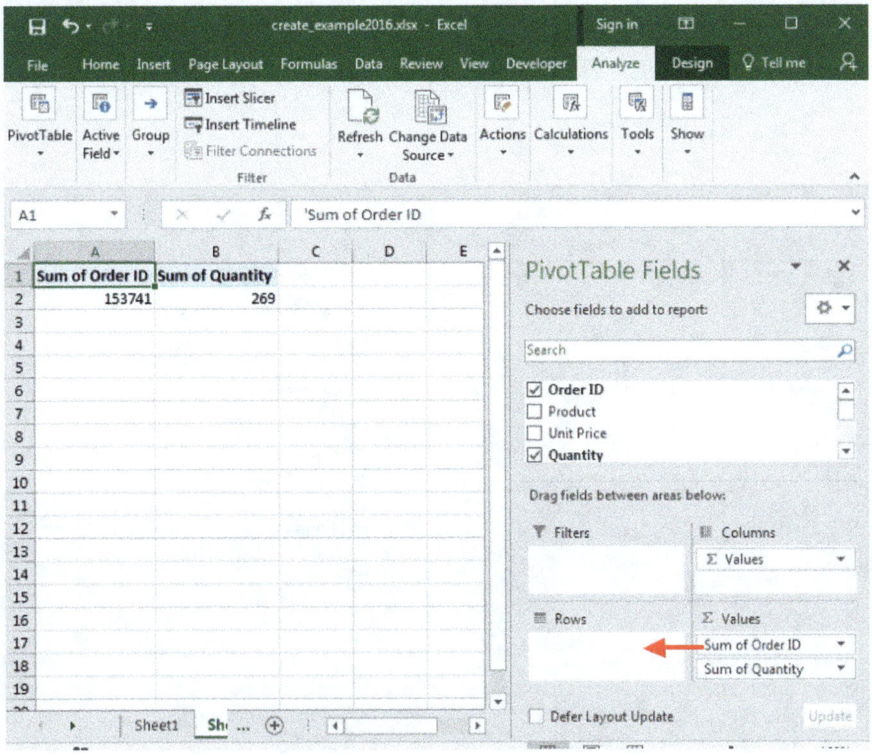

Fig. 2.6: Arrastando o Sum of Order ID para a seção Rows

A Fig. 2.7 mostra o relatório atualizado:

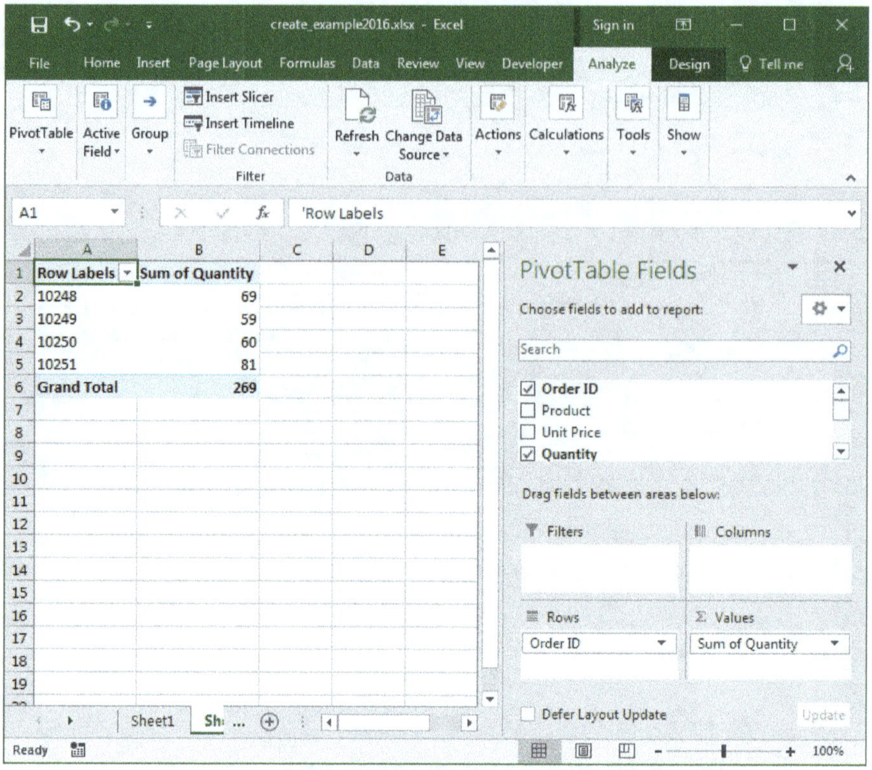

Fig. 2.7: Relatório atualizado

É preferível que a célula A1 mostre **Order ID** e não **Row Labels** como está no momento. Para mudar isso, selecionamos a célula A1 e digitamos **Order ID**.

É mais sensato dar aos campos nomes curtos já que eles aparecerão como títulos da tabela dinâmica. Evite usar palavras como "**sum**", "**average**", "**minimum**" ou "**maximum**" já que eles são adicionados automaticamente quando os cálculos são realizados. Isso evitará títulos ruins como "**Sum of Sum of Salaries**".

Finalmente, podemos ver na Fig. 2.8 que o relatório da tabela dinâmica está completo porque a quantidade total para cada Order ID foi exibida:

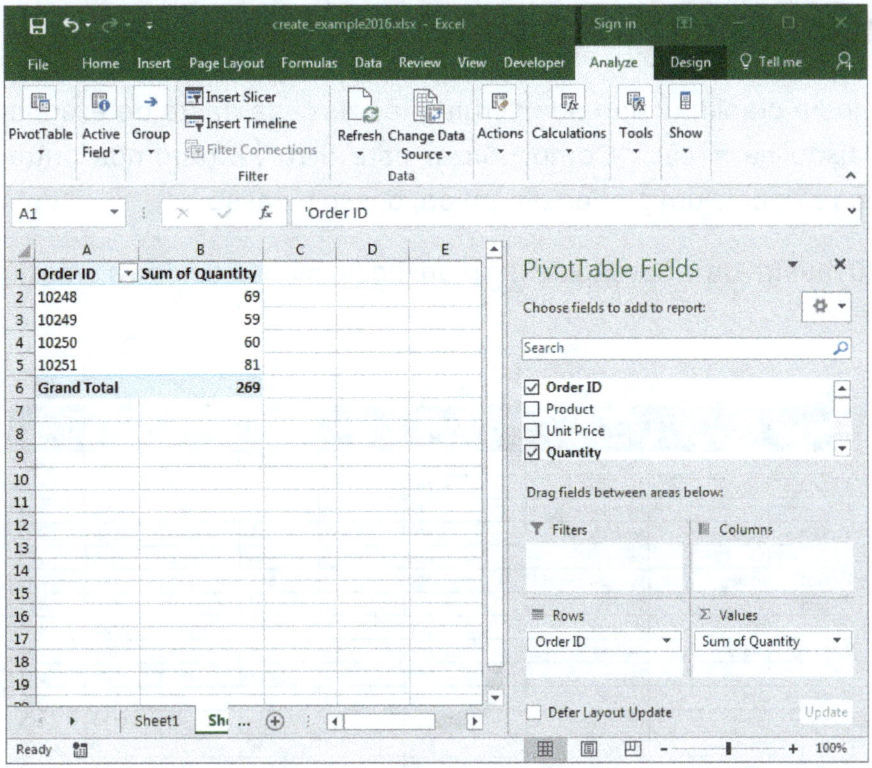

Fig. 2.8: Tabela dinâmica completa

Capítulo 3: Criando um gráfico dinâmico

Usaremos a planilha chamada “FruitSales.xlsx” da pasta de exercícios que você baixou na seção “Como utilizar este livro”. Criaremos outra tabela dinâmica e depois um gráfico dinâmico, passo a passo.

A Fig 3.0 mostra uma porção dessa planilha (truncada devido a uma limitação de espaço).

	A	B	C	D	E	F	G	H	I
1	REGION	SALES PERSON FIRST NAME	SALES PERSON LAST NAME	SALES PERSON ID	QUARTER	APPLES	ORANGES	MANGOS	TOTAL
2	Central	Bob	Taylor	1174	1	1,810	2,039	1,771	5,620
3	Central	Helen	Smith	833	1	102	354	59	516
4	Central	Jill	Johnson	200	1	93	322	54	469
5	Central	Sally	Morton	500	1	595	824	556	1,975
6	Central	Sam	Becker	800	1	863	1,092	824	2,779
7	East	Abbey	Williams	690	1	346	237	260	843
8	East	John	Dower	255	1	260	178	195	633
9	East	John	Wilson	300	1	286	196	215	696
10	East	Mary	Nelson	600	1	315	215	236	766
11	East	Sarah	Taylor	900	1	381	261	285	927
12	West	Alex	Steller	1000	1	163	212	127	502
13	West	Billy	Winchester	1156	1	179	234	140	552
14	West	Helen	Simpson	817	1	148	193	116	457
15	West	Jack	Smith	100	1	111	145	87	343
16	West	Joe	Tanner	400	1	122	160	96	377
17	West	Peter	Graham	700	1	134	175	105	415
18	Central	Bob	Taylor	1174	2	113	390	65	567
19	Central	Helen	Smith	833	2	1,006	1,393	940	3,338
20	Central	Jill	Johnson	200	2	774	1,071	723	2,568
21	Central	Sally	Morton	500	2	1,295	1,638	1,236	4,169
22	Central	Sam	Becker	800	2	2,806	3,160	2,745	8,711
23	East	Abbey	Williams	690	2	1,674	1,494	1,531	4,699
24	East	John	Dower	255	2	762	680	697	2,139
25	East	John	Wilson	300	2	991	884	906	2,781

Sheet1

Fig. 3.0: planilha FruitSales.xlsx

Primeiro determinaremos o 'total sales by region’, depois acrescentaremos ‘quarterly sales by region’:

1. Abra a planilha **FruitSales.xlsx** e selecione as **células A1:I65**

2. Na barra de ferramentas selecione **INSERT, PivotTable**.

A caixa de diálogo da Fig. 3.1 aparecerá:

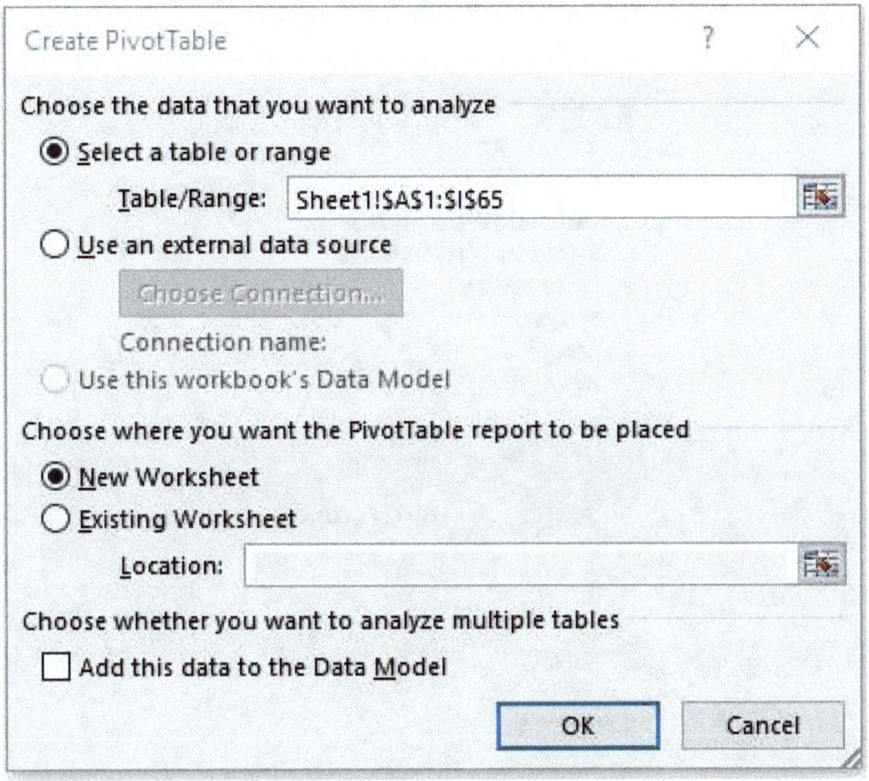

Fig. 3.1: Caixa de diálogo Create PivotTable

3. Se certifique que o botão **New Worksheet** esteja selecionado

4. Clique em **OK**

Uma nova aba será criada na Sheet2 e terá aparência similar à da Fig 3.2:

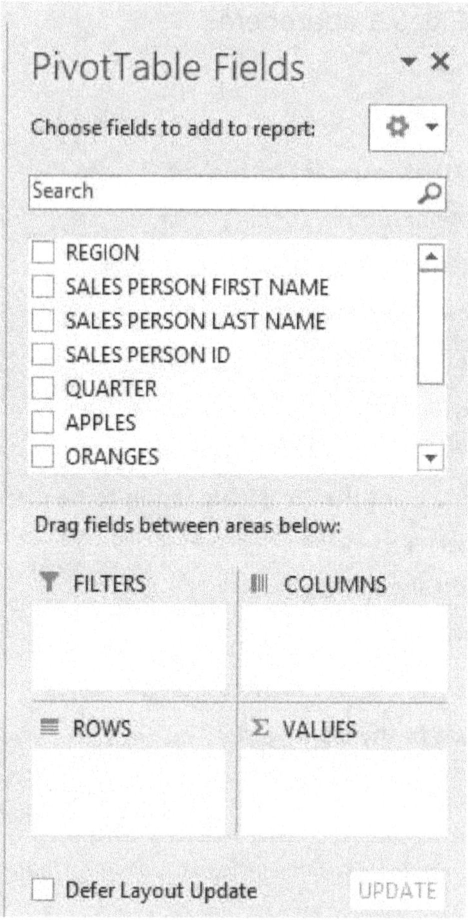

Fig. 3.2: PivotTable Fields criado

Agora, iremos "categorizar" nosso relatório e selecionar um valor para cálculo.

5. No PivotTable Fields clique na caixa **REGION** ou arraste esse campo para a seção **Rows**.

6. No PivotTable Fields clique na caixa **TOTAL** (você pode precisar rolar para baixo para achá-la) ou arraste esse campo para a seção **Values**.

Veja a Fig. 3.3 para uma ilustração dos passos 5 e 6.

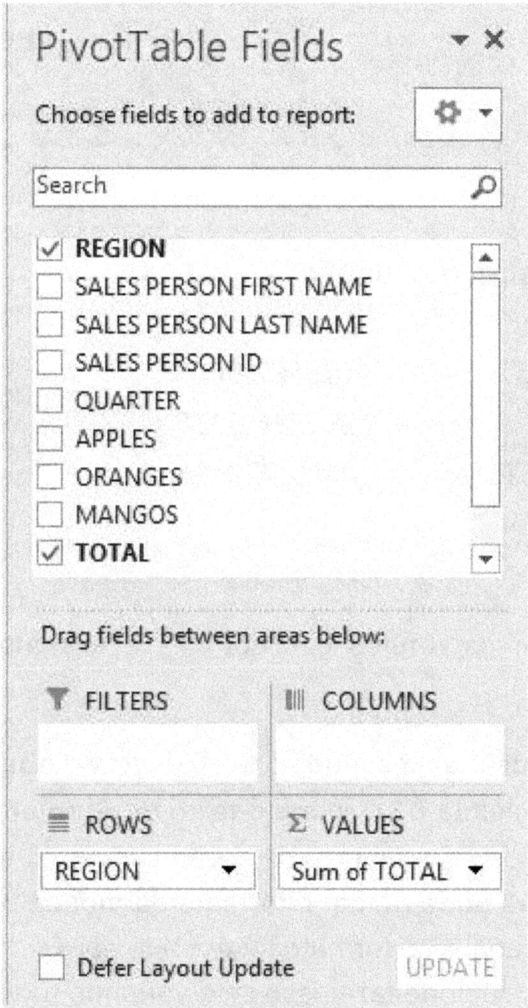

Fig. 3.3: PivotTable Fields com

REGION e TOTAL selecionados

A Fig 3.4 deverá aparecer no lado esquerdo da sua tela. Observe que o formato não é fácil de ler.

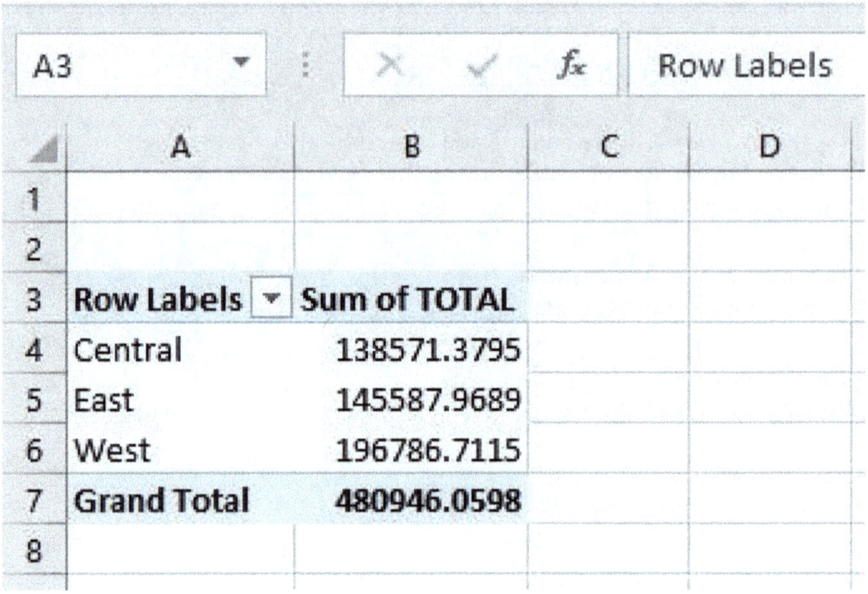

Fig. 3.4: Tabela dinâmica não formatada

7. Podemos mudar os rótulos das colunas e formatar os números. No exemplo abaixo:

- Selecione a célula **A3** e mude o texto de **Row Labels** para **REGION**.
- Selecione a célula **B3** e mude o texto de **Sum of TOTAL** para **TOTAL SALES**
- Você também pode mudar o formato da moeda nas células **B4 a B7**. No exemplo abaixo, o formato foi trocado para o dólar com zero casas decimais. Você pode fazer isso selecionando todas as quatro células e clicando com o lado direito do mouse. Um menu como o da Fig 3.5 aparecerá:

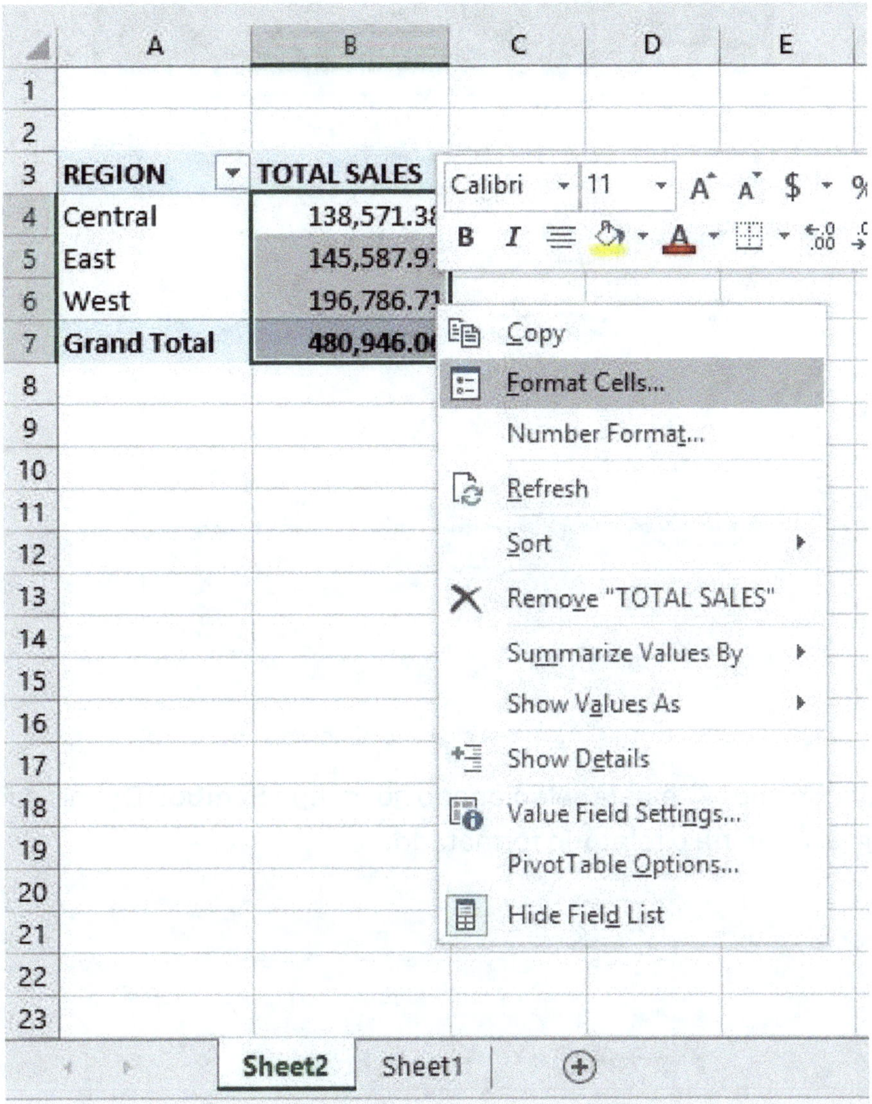

Fig. 3.5: Mudando o formato da moeda

Quando a janela **Format Cells** aparecer como na Fig. 3.6, clique em Currency.

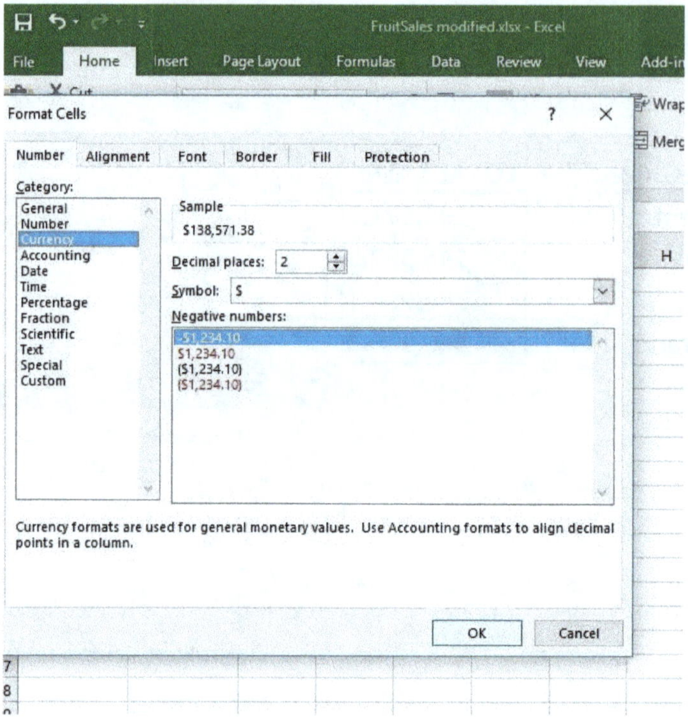

Fig. 3.6: Selecionando a moeda $

Se certifique que **"$"** esteja selecionado no campo **Symbol**. Depois clique em **OK**. Fig. 3.7 mostra o relatório formatado.

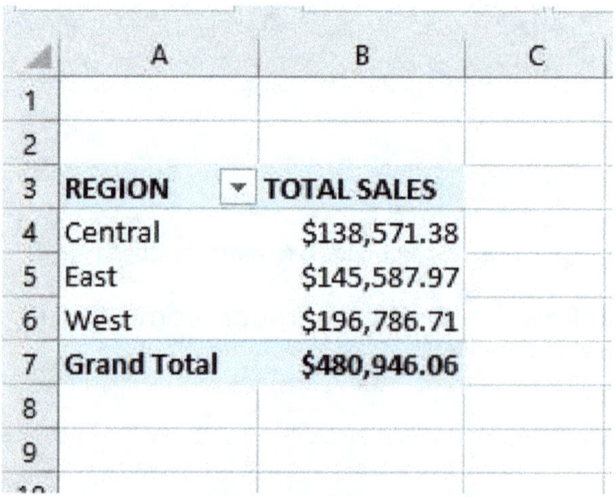

Fig. 3.7: Relatório formatado

Para melhorar o relatório iremos acrescentar as colunas **Quarter**. Essa dimensão "nível" irá fornecer mais detalhes do total de vendas das frutas.

8. No painel PivotTable Fields **arraste** o campo **QUARTER** para a seção **Columns**.

Observação importante: O Excel está lendo o Quarter value como numérico, então se você clicar ao invés de arrastar o campo para a seção **Columns**, o Excel vai aplicar o cálculo. Se isto ocorrer clique no menu suspenso **Sum of QUARTER** na seção **Values** e selecione a opção **Move to Column Labels**.

Agora temos **QUARTER** adicionada ao sumário.

9. Selecione a célula **B3** e mude o texto de **Column Labels** para **BY QUARTER**.

10. Depois mude os rótulos das células **B4**, **C4**, **D4** e **E4** adicionando o texto abreviado **QTR** na frente de cada número de trimestre.

Fig. 3.8 mostra o relatório formatado:

	A	B	C	D	E	F
1						
2						
3	**TOTAL SALES**	**BY QUARTER**				
4	**REGION**	**QTR 1**	**QTR 2**	**QTR 3**	**QTR 4**	**Grand Total**
5	Central	$11,358.90	$19,352.24	$34,097.24	$73,763.00	$138,571.38
6	East	$3,864.53	$19,343.19	$38,810.81	$83,569.44	$145,587.97
7	West	$2,646.45	$23,585.90	$42,590.48	$127,963.88	$196,786.71
8	**Grand Total**	**$17,869.88**	**$62,281.33**	**$115,498.53**	**$285,296.31**	**$480,946.06**
9						

Fig. 3.8: Relatório formatado com QUARTER adicionado ao sumário

Como fazer um drilldow com dados de uma tabela dinâmica

Antes de continuarmos com nossos exemplos de relatórios de tabelas dinâmicas, vamos supor que você queira investigar por que os resultados da Central region's Q1 são maiores que os das outras duas regiões.

As tabelas dinâmicas permitem que você **clique duas vezes em qualquer valor calculado para ver os detalhes daquela célula.** Também é possível **clicar com o botão direito** no valor calculado e selecionar **Show Details**. Isso criará uma nova planilha contendo uma tabela com os detalhes do valor calculado. Veja a Fig. 3.9 abaixo.

1. **Clique com o botão direito do mouse** na célula **B5** e selecione **Show Details**.

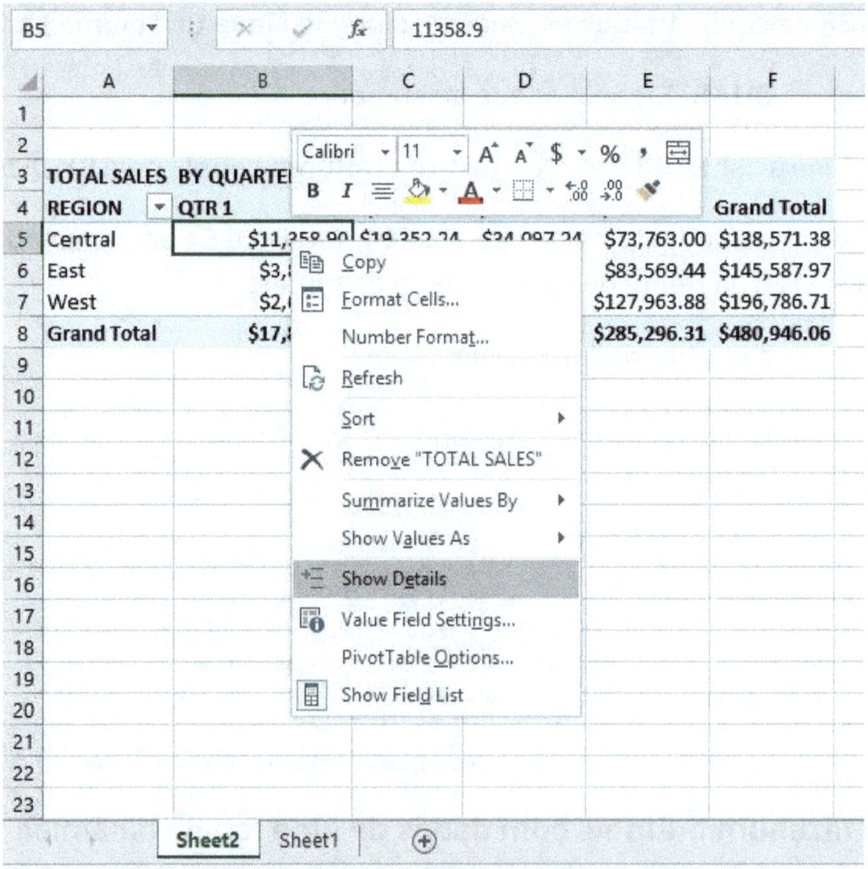

Fig. 3.9: Clique como o botão direito para investigar os

resultados da Central region's Q1

Uma nova planilha contendo uma tabela com os detalhes do valor calculado da célula **B5** é mostrado na Fig. 3.10:

	A	B	C	D	E	F	G	H	I
1	REGION	SALES PERSON FIRST NAME	SALES PERSON LAST NAME	SALES PERSON ID	QUARTER	APPLES	ORANGES	MANGOS	TOTAL
2	Central	Bob	Taylor	1174	1	1810	2039	1771	5620
3	Central	Helen	Smith	833	1	102.3	354.2	59.4	515.9
4	Central	Jill	Johnson	200	1	93	322	54	469
5	Central	Sally	Morton	500	1	595	824	556	1975
6	Central	Sam	Becker	800	1	863	1092	824	2779

Fig. 3.10: detalhes do valor calculado na célula B5

Como pode ser visto na Fig. 3.10, **Bob Taylor** realizou mais vendas e a razão é os resultados da Central region's Q1 serem muito maiores que as outras duas regiões.

2. Para deletar a tabela, clique como o botão direito na **Sheet3** e selecione **Delete**.

Adicionando mais colunas (categorias) a tabela dinâmica

A partir do nosso relatório original da tabela dinâmica, estenderemos nossa análise acrescentando as vendas individuais de frutas ao nosso sumário.

1. Arraste o campo **QUARTER** da seção **COLUMNS** até a seção **ROWS**.

2. Arraste os campos **APPLES, ORANGES** e **MANGOS** para a seção **VALUES** na **PivotTable Fields** se certificando que o campo das frutas fique **em cima** do valor **TOTAL SALES**.

O relatório deve se parecer com o da Fig. 3.11:

1					
2					
3	**REGION**	**Sum of APPLES**	**Sum of ORANGES**	**Sum of MANGOS**	**TOTAL SALES**
4	**⊟Central**	**$43,480.80**	**$53,278.36**	**$41,812.22**	**$138,571.38**
5	QTR 1	$3,463.30	$4,631.20	$3,264.40	$11,358.90
6	QTR 2	$5,991.58	$7,651.83	$5,708.83	$19,352.24
7	QTR 3	$10,633.90	$13,280.11	$10,183.23	$34,097.24
8	QTR 4	$23,392.02	$27,715.22	$22,655.76	$73,763.00
9	**⊟East**	**$50,625.74**	**$47,117.45**	**$47,844.78**	**$145,587.97**
10	QTR 1	$1,587.33	$1,086.71	$1,190.49	$3,864.53
11	QTR 2	$6,890.84	$6,149.31	$6,303.04	$19,343.19
12	QTR 3	$13,583.13	$12,501.75	$12,725.94	$38,810.81
13	QTR 4	$28,564.45	$27,379.68	$27,625.30	$83,569.44
14	**⊟West**	**$69,750.20**	**$65,258.99**	**$61,777.51**	**$196,786.71**
15	QTR 1	$856.43	$1,118.76	$671.26	$2,646.45
16	QTR 2	$7,819.45	$8,253.15	$7,513.30	$23,585.90
17	QTR 3	$15,334.91	$14,073.84	$13,181.73	$42,590.48
18	QTR 4	$45,739.42	$41,813.23	$40,411.22	$127,963.88
19	**Grand Total**	**$163,856.75**	**$165,654.80**	**$151,434.51**	**$480,946.06**
20					

Fig. 3.11: Novas linhas adicionadas a tabela dinâmica

Como criar um gráfico de tabela dinâmica

Nesta seção, você aprenderá a criar e formatar o gráfico de uma tabela dinâmica. Siga estes passos:

1. A partir do painel **PivotTable Fields** **desmarque** o campo **TOTAL** (Fig. 3.12 mostra o campo TOTAL SALES não selecionado).

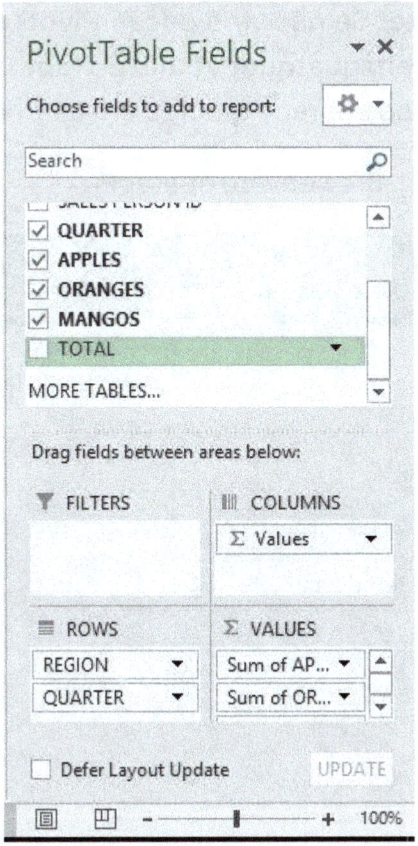

Fig. 3.12: Campo TOTAL não selecionado

2. Na seção **PivotTable Tools** da barra de ferramentas selecione a aba **Analyze, PivotChart** (Fig. 3.13).

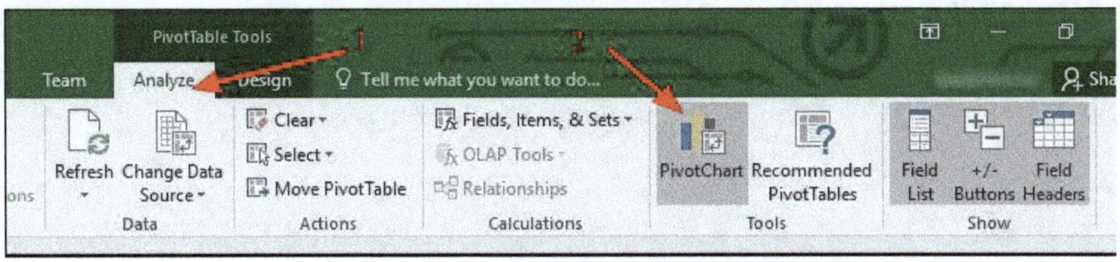

Fig. 3.13: Selecionando a ferramenta PivotChart

Observação importante: Se não vir a opção **PivotTable Tools** na sua barra de ferramentas, **clique em qualquer célula da tabela dinâmica.** Essa opção da barra de ferramenta só aparece quando um campo está ativo.

A caixa de diálogo da Fig. 3.14 deverá aparecer:

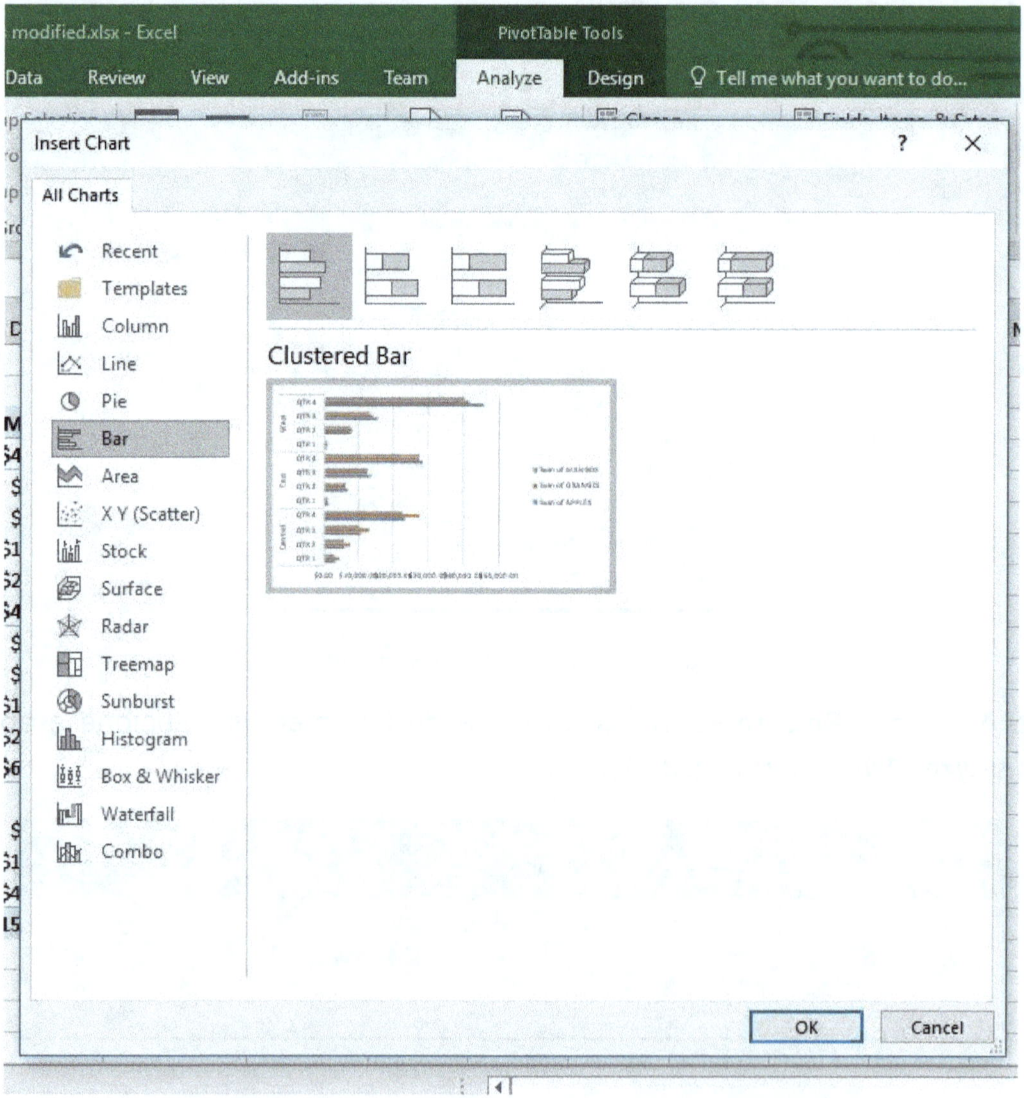

Fig. 3.14: Selecionando o gráfico de barras da PivotTable Chart

3. Selecione a opção **Bar**.

4. Clique em **OK**.

Agora o gráfico mostrado na Fig. 3.15 deve estar aparecendo:

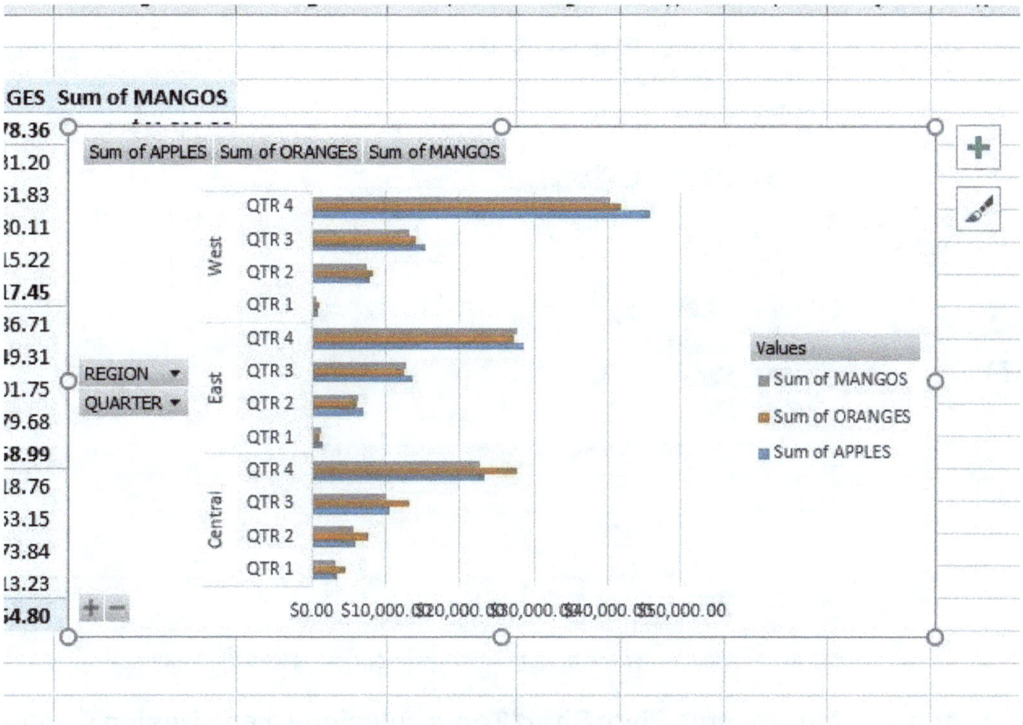

Fig. 3.15: Um novo gráfico de barra é exibido

5. Arraste o gráfico para baixo do relatório da tabela dinâmica e expanda a largura para permitir uma visão melhor (Fig 3.16):

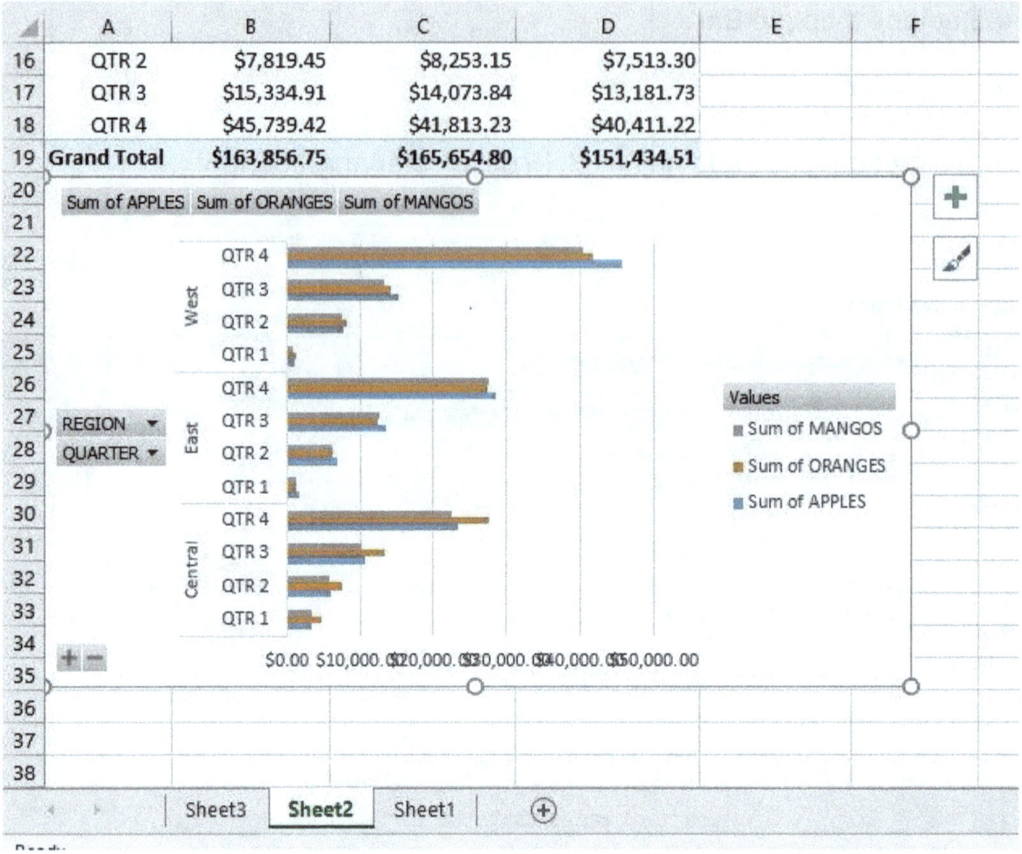

1Fig. 3.16: Gráfico arrastado para baixo do relatório da tabela dinâmica

6. Na barra de ferramentas **PivotChart Tools** selecione a aba **Design** e abaixo de **Chart Styles** selecione um novo estilo (Fig. 3.17):

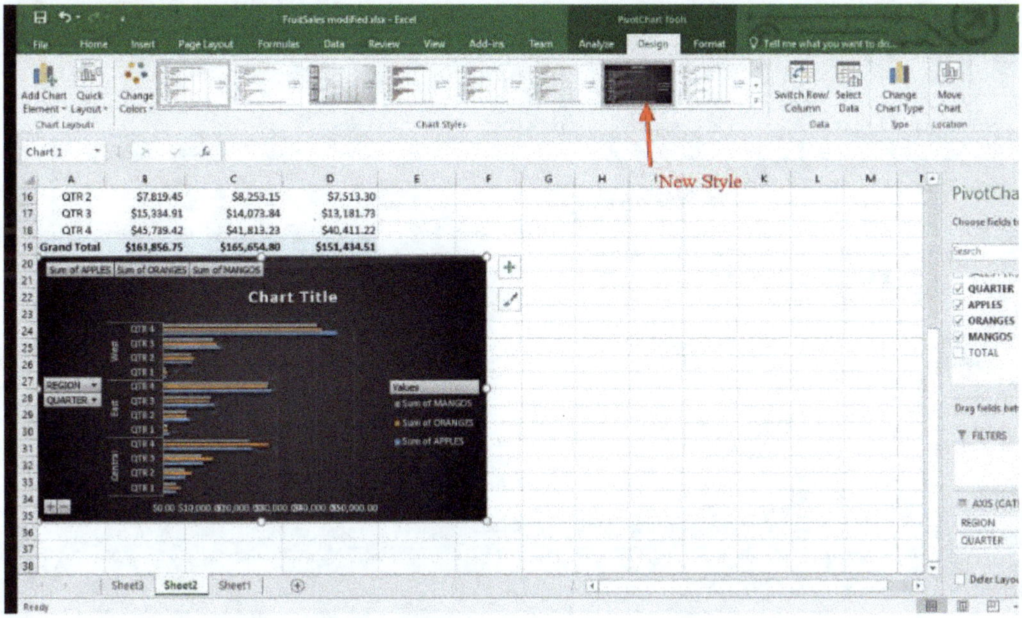

Fig. 3.17: Selecionando um novo estilo abaixo de Chart Styles

7. Se o título do gráfico estiver escondido, poderá revelá-lo clicando no sinal de **+** no canto superior direito do gráfico e depois assinalar **Chart Title** abaixo do **Chart Elements** (veja Fig. 3.18).

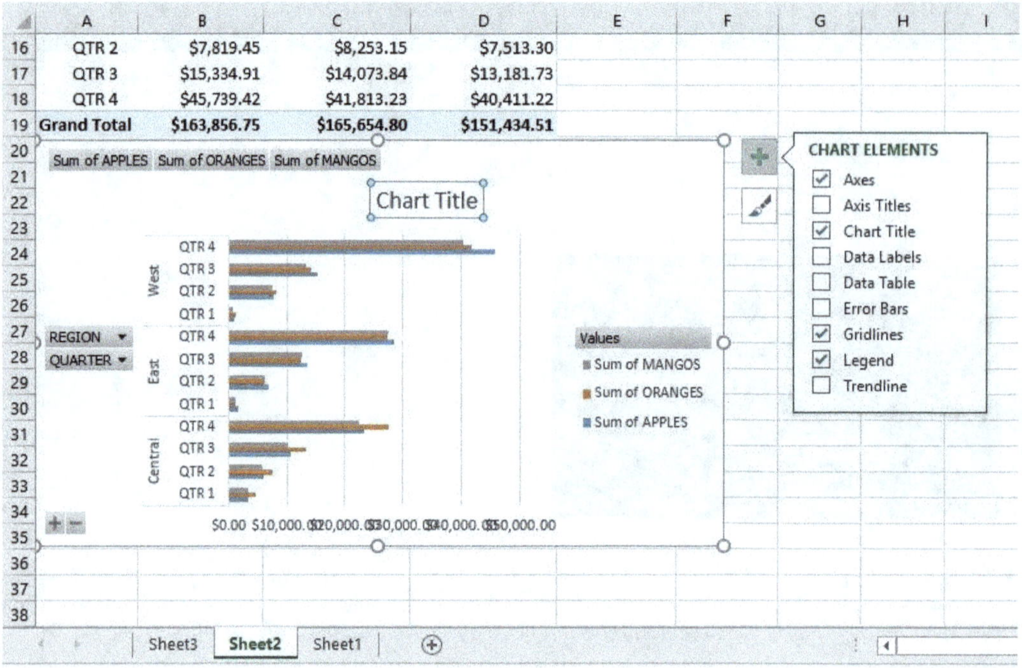

Fig. 3.18: Escolhendo o título do gráfico

8. Edite o título clicando dentro do campo. Mude o texto para "**Fruit Sales By Region & Quarter 2017**".

9. Passo opcional: Para esconder qualquer botão de campo, clique com o botão direito e selecione a opção de esconder apropriada.

O gráfico final se parecerá com o mostrado na Fig. 3.19.

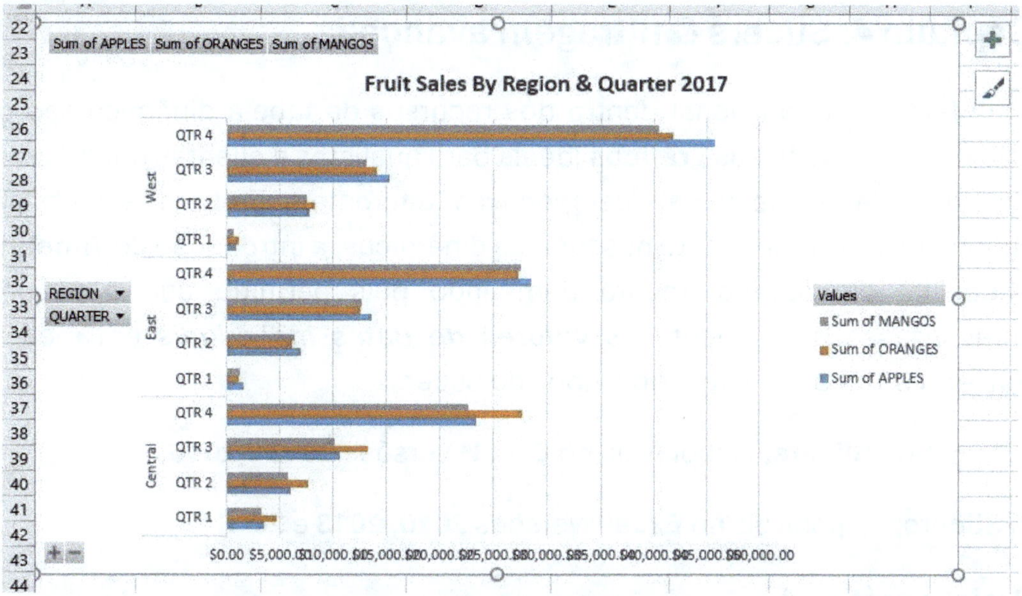

Fig. 3.19: Gráfico de uma tabela dinâmica completo

Capítulo 4: Slicers & filtragem avançada

Uma ferramenta adicional dentro dos recursos da tabela dinâmica são os **Slicers**. Eles são **filtros gráficos** ideais para analistas e clientes que querem examinar dados de várias perspectivas diferentes. Embora a filtragem sempre foi um componente nas tabelas dinâmicas, a introdução do **Timeline Slicer** foi um aprimoramento bem-vindo pois permitiu que o usuário categorizasse rapidamente ***os valores de datas individuais*** em meses, trimestres e anos. Existem dois tipos de Slicers:

1. **Timeline Slicers,** disponíveis no **Excel®** versões **2013** e **2016.**

2. **Slicers,** disponíveis no **Excel®** versões **2010**, **2013** e **2016.**

Projeto prático 1

Desta vez, vamos realizar um projeto grande como exemplo. Suponha que você é um analista financeiro que apoia uma empresa de manufatura de peças aeroespaciais. Você foi solicitado a participar em uma reunião de vendas repentina para gerentes regionais. O tema não foi determinado, ao invés, você foi convocado a preparar os dados de venda dos últimos 12 meses e responder as perguntas que surgirem. Como não sabe o que os gerentes vão perguntar, você decide criar um relatório de tabela dinâmica com os Slicers: Category e Date.

Para esse projeto, usaremos a planilha chamada "**AirplaneParts.xlsx**" que se encontra na pasta de exercícios que você baixou na seção "Como utilizar este livro".

A Fig 4.0 mostra uma porção dessa planilha (truncada devido a uma limitação de espaço).

	A	B	C	D	E	F
1	REGION	NAME	CATEGORY	PART	EOM_DATE	QTY
2	Central	Graham, Peter	STRUCTURAL	Pressure Bulkheads	31 January 2017	8
3	Central	Graham, Peter	STRUCTURAL	Keel Beam	31 January 2017	11
4	Central	Graham, Peter	STRUCTURAL	Fuselage Panels	31 January 2017	13
5	Central	Graham, Peter	FUEL	Boost Pumps	31 January 2017	9
6	Central	Graham, Peter	FUEL	Transfer Valves	31 January 2017	5
7	Central	Graham, Peter	FUEL	Fuel S.O.V.	31 January 2017	6
8	Central	Graham, Peter	FUEL	Digital Fuel Flow System	31 January 2017	7
9	Central	Graham, Peter	FUEL	Fuel Quantity Indicator	31 January 2017	12
10	Central	Graham, Peter	FUEL	Fuel Flow Indicating	31 January 2017	7
11	Central	Graham, Peter	FUEL	Fuel Pressure Indicating	31 January 2017	4
12	Central	Graham, Peter	FUEL	Fuel Pump	31 January 2017	10
13	Central	Graham, Peter	FUEL	Engine Lubrication System	31 January 2017	6
14	Central	Graham, Peter	FUEL	Fuel Dump Fuel Hose	31 January 2017	9
15	Central	Graham, Peter	POWER	Lithium Battery	31 January 2017	4
16	Central	Graham, Peter	POWER	AC Generator-Alternator	31 January 2017	9
17	Central	Graham, Peter	POWER	Alternator/Generator Drive System	31 January 2017	4
18	Central	Graham, Peter	POWER	Fire Detection	31 January 2017	8
19	Central	Graham, Peter	POWER	Fire Protection	31 January 2017	13
20	Central	Graham, Peter	POWER	Overheat Detection	31 January 2017	4
21	Central	Graham, Peter	POWER	Smoke Detection	31 January 2017	11
22	Central	Graham, Peter	POWER	Extinguishing System	31 January 2017	8
23	Central	Graham, Peter	POWER	AC Inverter Phase Adapter	31 January 2017	8
24	Central	Graham, Peter	POWER	Fire Bottle-Fixed	31 January 2017	6
25	Central	Graham, Peter	POWER	AC Regulator	31 January 2017	7
26	Central	Graham, Peter	WING	Panels	31 January 2017	10

Data

Fig. 4.0: Planilha AirplaneParts

Segmentação de dados na linha do tempo

Tente criar um relatório de tabela dinâmica sozinho para ver as ilustrações dos passos 1 a 4. Se necessário, ***revise os capítulos anteriores***, especialmente o **capítulo 3**. Esses são mesmos passos básicos que seguimos nele e iremos segui-los novamente:

1. Abra a planilha **AirplaneParts.xlsx** e selecione as células **A1:F3889** (ou seja, **todas** as células - da **A1** até a **F3889**).

Observação importante: É fácil selecionar todas as células de uma só vez clicando ***em qualquer célula*** e depois pressionando **CTRL+A** no seu teclado.

2. Na barra de ferramentas selecione **INSERT, PivotTable.**

3. Se certifique que o botão **New Worksheet** esteja selecionado.

4. Clique em **OK**

Uma nova aba será criada e o painel **PivotTable Fields** deverá aparecer no **lado direito**.

5. Clique/selecione os campos a seguir:

a. **Region** (a seção Rows é preenchida automaticamente)

b. **Category** (a seção Rows é preenchida automaticamente)

c. **QTY** (a seção Values é preenchida automaticamente)

Row Labels	Sum of QTY
⊟Central	**9768**
FUEL	2842
POWER	2881
STRUCTURAL	721
WING	3324
⊟East	**9592**
FUEL	2698
POWER	2897
STRUCTURAL	721
WING	3276
⊟West	**9312**
FUEL	2538
POWER	2809
STRUCTURAL	893
WING	3072
Grand Total	**28672**

Fig. 4.1: A tabela dinâmica para a planilha AirplaneParts

Para que um Timeline Slicer funcione, todos os dados daquele campo devem ser **formatados como datas**. Neste projeto, uma vez que clicarmos no campo da data, **EOM_DATE** no **Excel® 2016** serão criadas opções adicionais de calendário **Quarters & Years**.

6. Clique no campo **EOM_DATE**. Como pode ver, o **Excel® 2016** criou campos para **Quarters & Years** (Fig. 4.2):

*****Início da seção apenas para usuários do Excel 2013*****

Se você é usuário do **Excel 2013**, deve completar mais alguns passos:

Selecione a célula **A6**, clique como o botão direito do mouse e no menu suspenso selecione **Group**....

Quando um prompt aparecer, pressione o **CTRL** no seu teclado e selecione **Months**, **Quarters**, & **Years**. Clique em **OK**.

*****Final da seção apenas para usuários do Excel 2013*****

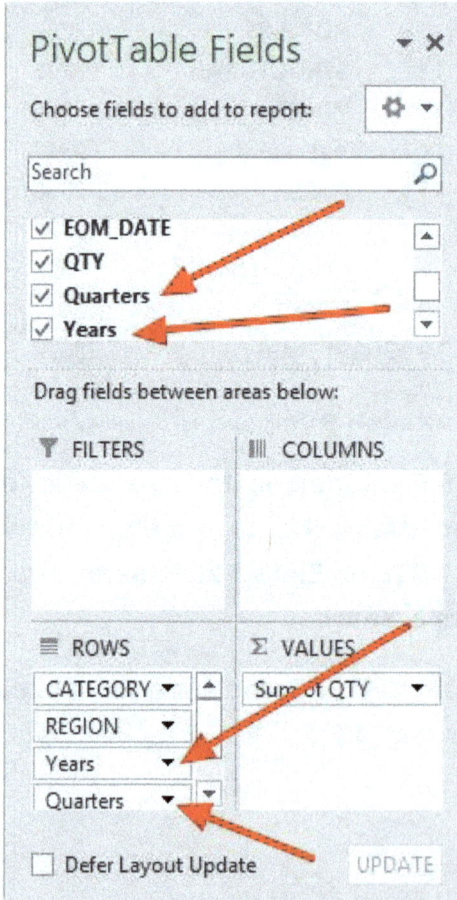

Fig. 4.2: Os campos de Trimestres e Anos foram criados

Porém, este tipo de exibição não é muito útil. O analista financeiro não conseguirá responder muitas perguntas rapidamente. Antes de acrescentar nosso Slicer adicional, vamos reorganizar o relatório de tabela dinâmica para ser mais fácil de usar.

7. Desmarque os campos **Years e Quarters**.

8. Arraste o campo **EOM_DATE** para a área **Columns**.

Observação: o 'EOM_DATE' está aparecendo como um mês.

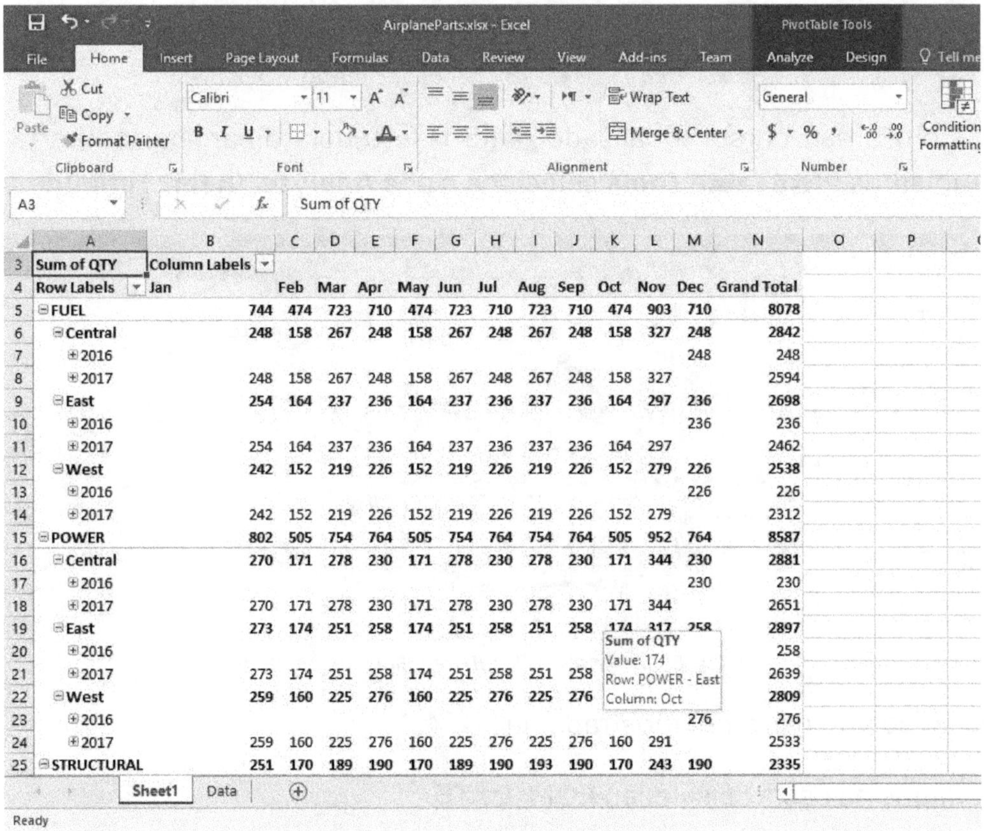

Sum of QTY	Column Labels												
Row Labels	Jan	Feb	Mar	Apr	May	Jun	Jul	Aug	Sep	Oct	Nov	Dec	Grand Total
⊟FUEL	744	474	723	710	474	723	710	723	710	474	903	710	8078
⊟Central	248	158	267	248	158	267	248	267	248	158	327	248	2842
⊞2016												248	248
⊞2017	248	158	267	248	158	267	248	267	248	158	327		2594
⊟East	254	164	237	236	164	237	236	237	236	164	297	236	2698
⊞2016												236	236
⊞2017	254	164	237	236	164	237	236	237	236	164	297		2462
⊟West	242	152	219	226	152	219	226	219	226	152	279	226	2538
⊞2016												226	226
⊞2017	242	152	219	226	152	219	226	219	226	152	279		2312
⊟POWER	802	505	754	764	505	754	764	754	764	505	952	764	8587
⊟Central	270	171	278	230	171	278	230	278	230	171	344	230	2881
⊞2016												230	230
⊞2017	270	171	278	230	171	278	230	278	230	171	344		2651
⊟East	273	174	251	258	174	251	258	251	258	174	317	258	2897
⊞2016										[illegible]	[illegible]	[illegible]	258
⊞2017	273	174	251	258	174	251	258	251	258	[illegible]	[illegible]	[illegible]	2639
⊟West	259	160	225	276	160	225	276	225	276	[illegible]	[illegible]	[illegible]	2809
⊞2016												276	276
⊞2017	259	160	225	276	160	225	276	225	276	160	291		2533
⊟STRUCTURAL	251	170	189	190	170	189	190	193	190	170	243	190	2335

Fig. 4.3: EOM_DATE agora aparece como um mês

9. Insira oito linhas em branco acima da terceira clicando com o botão direito do mouse e selecionando **insert > Entire row**. (Fig. 4.4):

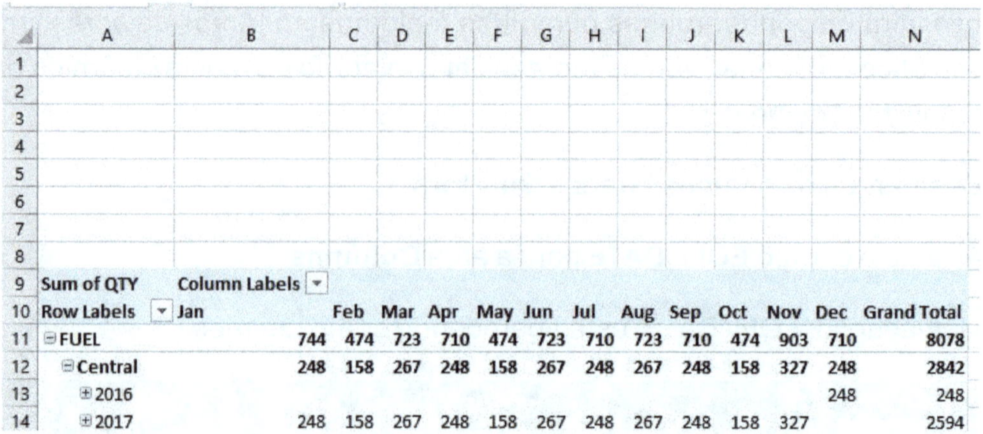

	A	B	C	D	E	F	G	H	I	J	K	L	M	N
1														
2														
3														
4														
5														
6														
7														
8														
9	**Sum of QTY**	**Column Labels**												
10	**Row Labels**	**Jan**	**Feb**	**Mar**	**Apr**	**May**	**Jun**	**Jul**	**Aug**	**Sep**	**Oct**	**Nov**	**Dec**	**Grand Total**
11	⊟FUEL		**744**	**474**	**723**	**710**	**474**	**723**	**710**	**723**	**710**	**474**	**903**	**710**	**8078**
12	⊟Central		**248**	**158**	**267**	**248**	**158**	**267**	**248**	**267**	**248**	**158**	**327**	**248**	**2842**
13	⊞2016													248	248
14	⊞2017		248	158	267	248	158	267	248	267	248	158	327		2594

Fig. 4.4: Oito linhas vazias inseridas acima do relatório

10. Com o seu cursor localizado dentro da tabela dinâmica, na barra de ferramentas **PivotTable Tools** selecione a aba **Analyze, Insert Timeline**.

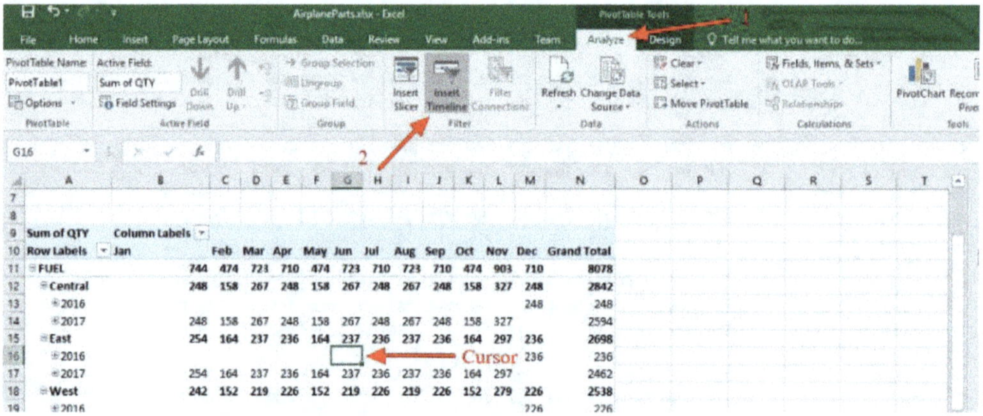

Fig. 4.5: Aba Analyze: Insert Timeline selecionada

Você receberá o prompt mostrado na Fig. 4.6.

11. Clique na caixa de seleção **EOM_DATE**.

12. Clique em **OK**.

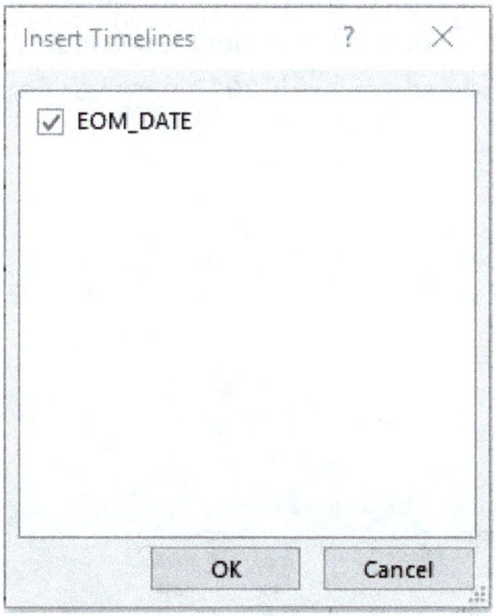

Fig. 4.6: Caixa de seleção EOM_DATE

dentro do prompt Insert Timelines

13. O **Timeline slicer** seguinte deve aparecer. Arraste para a área próxima à célula **A1**, acima do relatório (dentro das oito linhas em branco).

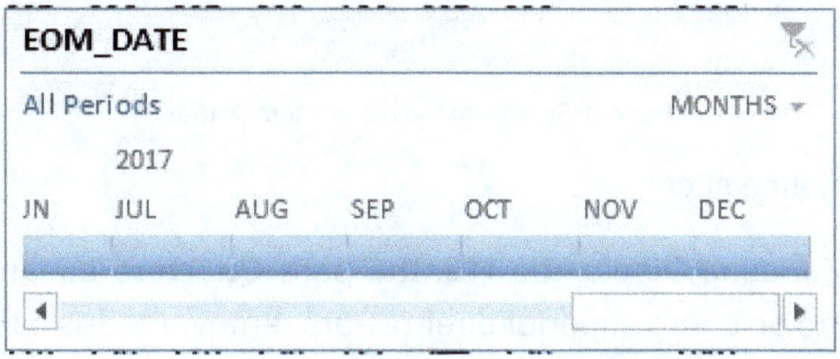

Fig. 4.7: Timeline slicer agora aparece

Você pode rolar o mouse horizontalmente, para direita ou esquerda. Você pode clicar nos botões abaixo dos meses individuais para visualizar como a tabela dinâmica é atualizada instantaneamente (as contagens mudam). Por exemplo, você pode clicar em **Abril 2017** para ver as mudanças nos totais (Veja Fig. 4.8):

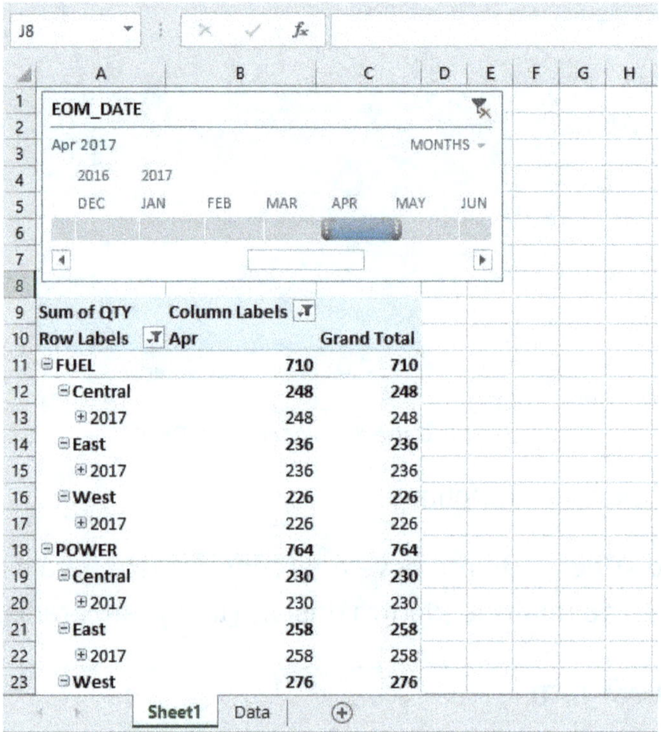

Fig. 4.8: Selecionando meses com botões

abaixo do Timeline slicer

14. Mude o Timeline Display de **Months** para **Quarters** clicando no botão **MONTHS** perto do canto superior direito. Para remover todos os filtros, clique na cruz vermelha no canto superior direito (Fig. 4.9):

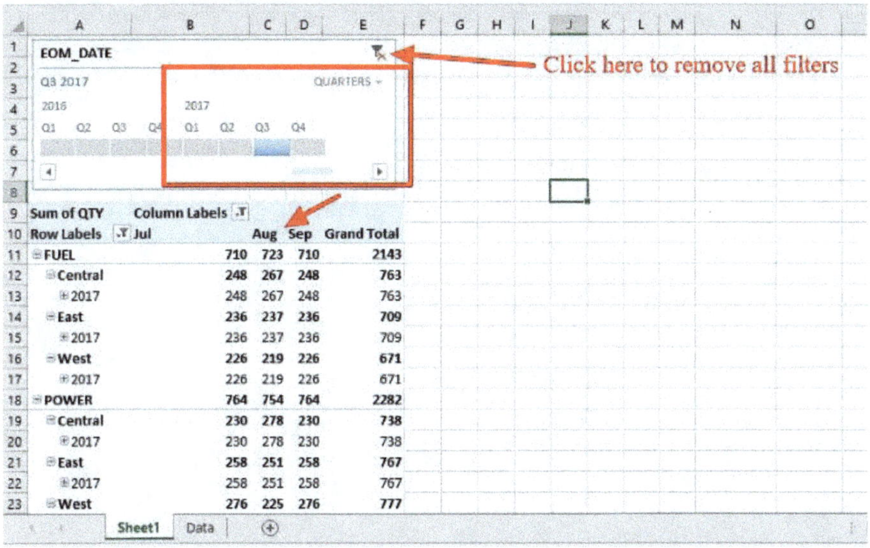

Fig. 4.9: Timeline Display mudado de Months para Quarters

Ferramenta slicer

Continuaremos esse projeto olhando a funcionalidade **Slicer**.

1. Com o seu cursor localizado dentro da tabela dinâmica, na barra de ferramentas da **PivotTable Tools**, selecione a aba **Analyze: Insert Slicer** (Fig. 4.10):

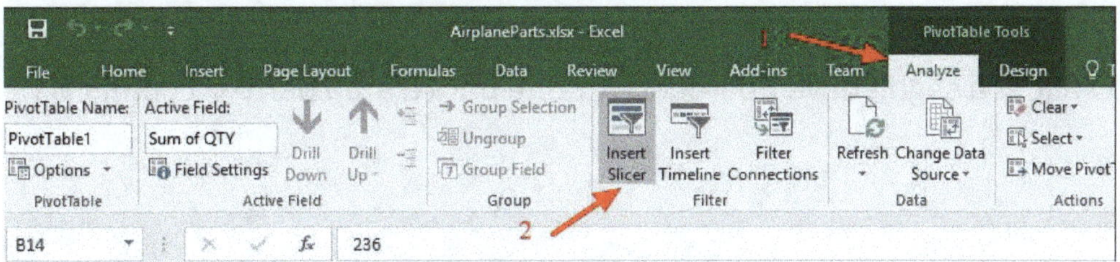

Fig. 4.10: Aba Analyze: Insert Slicer selecionada

Você receberá o prompt mostrado na Fig. 4.11.

2. Clique na caixa de seleção **CATEGORY**

3. Clique em **OK**.

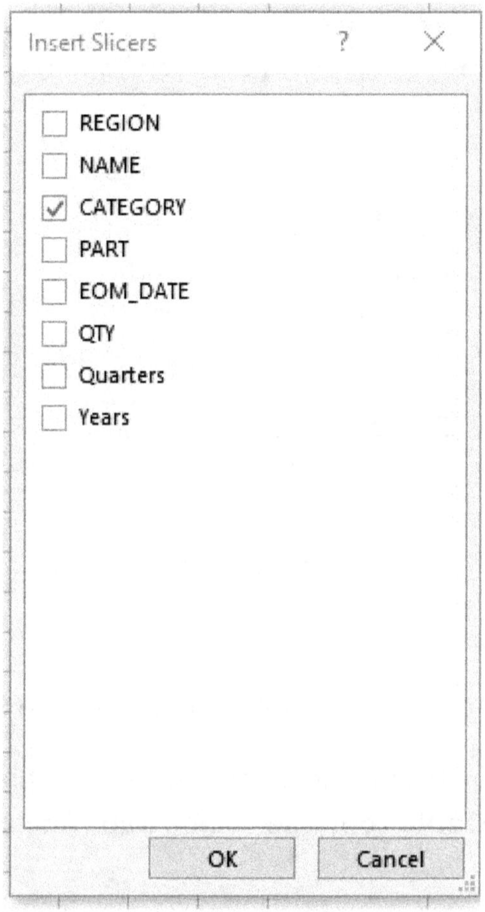

Fig. 4.11: Janela prompt Insert Slicers

4. O Slicer a seguir deve aparecer. Arraste para a área perto da célula **H1**.

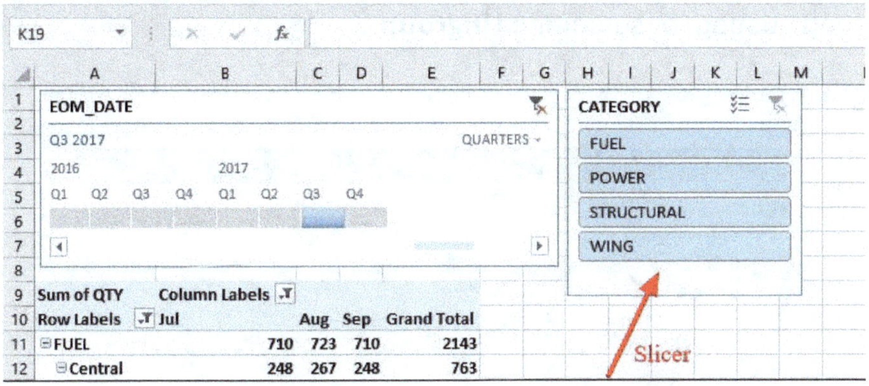

Fig. 4.12: Slicer criado e arrastado para perto da célula H1

Como um analista financeiro, agora pode responder todos os tipos de perguntas com apenas alguns cliques sem precisar reorganizar ou adicionar/remover fórmulas manualmente. Aqui estão alguns exemplos:

- Qual é o total das vendas de ***Fuel*** para **Feb 2017**?
- Quais são as vendas **combinadas** para as categorias ***Structural e Wing***?
- Forneça as vendas de ***Power*** para o **Q4**.

Informações adicionais

Embora ter os campos de data **Month**, **Quarter** e **Year** adicionados automaticamente a nossa lista de campos da tabela dinâmica é útil, ainda pode haver situações em que você quer ter as **datas individuais** incluídas no seu relatório. Para ver os valores de datas individuais no nosso projeto atual, coloque seu cursor dentro da tabela dinâmica e sigas estes passos:

1. Do painel **PivotTable Fields** desmarque os campos **REGION** e **CATEGORY**.

2. Arraste **EOM_DATE** de **Columns** para **Rows**.

3. Na tabela dinâmica, **clique com o botão direito** em qualquer valor mensal.

4. No menu suspenso, selecione **Ungroup**...

Veja Fig. 4.13:

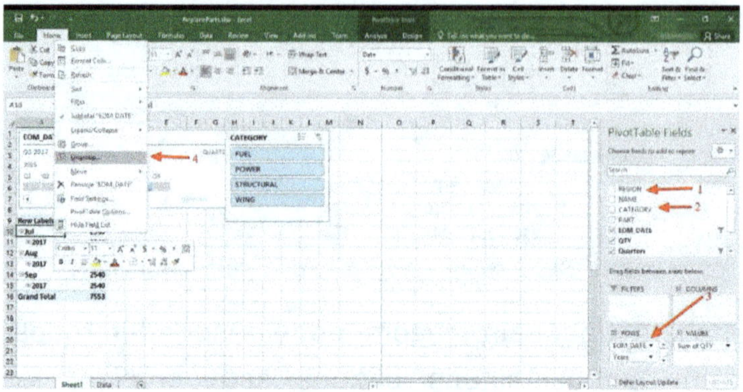

Fig. 4.13: Incluindo datas individuais no relatório

As datas individuais agora devem ser exibidas:

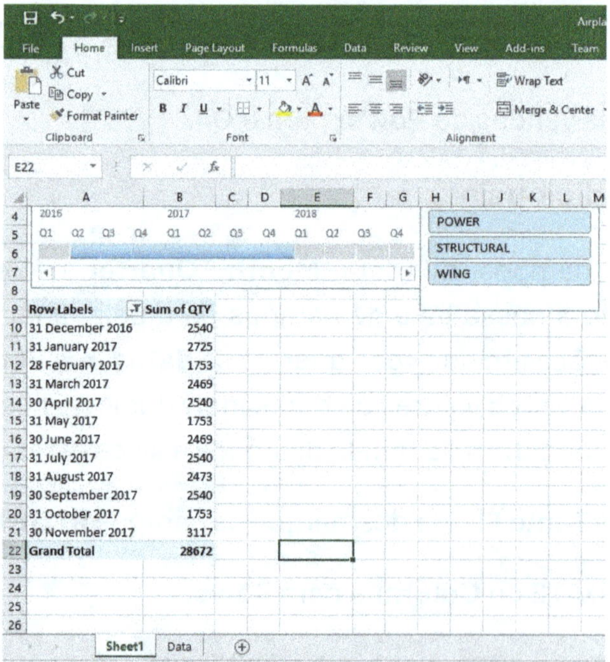

Fig. 4.14: Data individuais exibidas no relatório

Para mudar o ***nome de exibição*** de um Slicer:

1. Selecione o Slicer

2. Da barra de ferramentas da **Timeline** ou **Slicer Tools**, abaixo de **Options** vá para **Caption** ou **Timeline Caption** e digite um novo nome (Fig. 4.15):

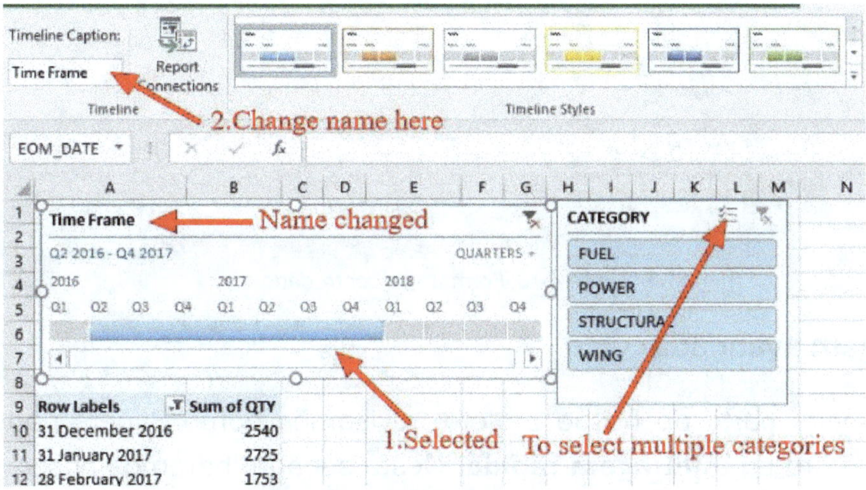

Fig. 4.15: Nome de exibição trocado

Para mudar o formato de cor de um Slicer:

1. Selecione o Slicer

2. Na barra de ferramentas **Timeline** ou **Slicer Tools** abaixo de **Options** vá para **Timeline Styles** ou **Slicer Styles** e selecione um novo esquema de cor (Fig. 4.16):

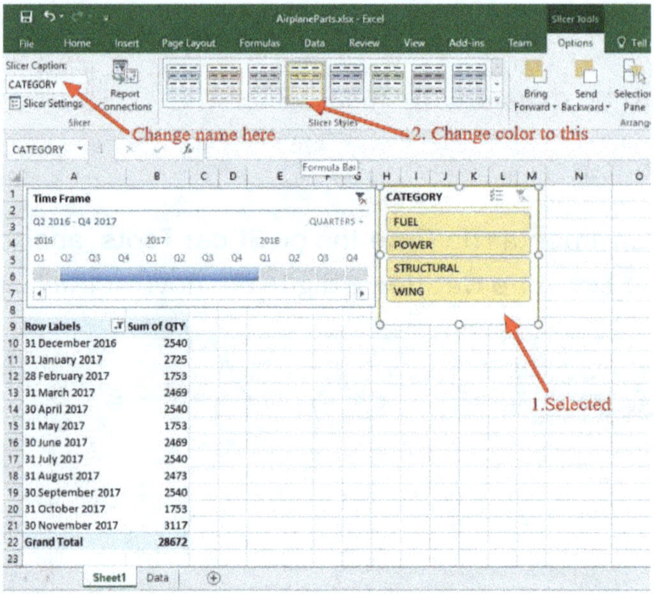

Fig. 4.16: Formato de cor trocado

Filtragem avançada

Na primeira parte do nosso projeto, revisamos como Slicers podem ser usados para uma **filtragem rápida**. Nesta seção olharemos nosso projeto novamente. Demonstraremos como empregar ***recursos adicionais da tabela dinâmica*** que nos permitem estender nossa análise ***especificando condições***.

Então, supondo que queremos saber da nossa planilha **AirplaneParts**:

1. Quais as **10** peças de avião mais vendidas por categoria?

2. Quais as **10** peças de avião menos vendidas por categoria?

3. Quais as **10** peças de avião mais vendidas por trimestre?

4. Quantas peças venderam mais de 800 em quantidade?

Se você está familiarizado com as capacidades de formatação condicional do Excel, é muito similar nas tabelas dinâmicas. Vamos percorrer pelos passos e mostrar como essa funcionalidade pode ser utilizada. Seguiremos os mesmos passos como anteriormente. Então complete do 1 a 4 sozinho.

1. Descompacte **uma nova cópia da** sua pasta zipada. Abra a planilha AirplaneParts.xlsx no Excel e selecione as células **A1:F3889**.

2. Na barra de ferramentas selecione **INSERT, PivotTable**.

3. Se certifique que o botão **New Worksheet** esteja selecionado.

4. Clique em **OK**.

Uma nova aba será criada e o painel **PivotTable Fields** deverá aparecer no **lado direito**.

5. Clique nos campos a seguir:

a. **Part** (A seção Rows é preenchida automaticamente).

b. **Category** (A seção Rows é preenchida automaticamente).

c. **QTY** (A seção Values é preenchida automaticamente).

6. Clique na flecha da **Row Labels** na célula (**A4**).

7. No menu selecione **Value Filters** e depois **Top 10**.

Veja a Fig. 4.17 para os passos 5 a 7:

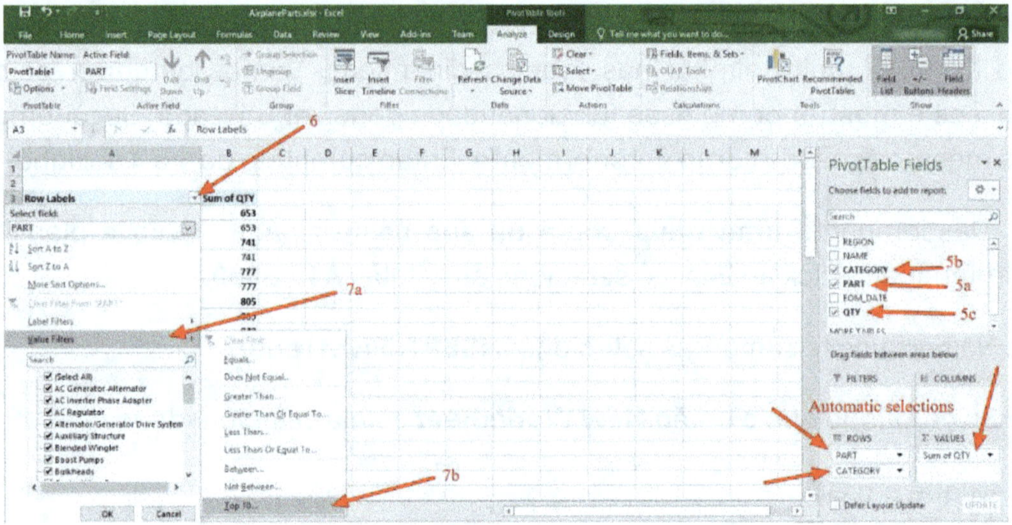

4.17: Selecionando o filtro de valor Top 10

8. O prompt da Fig. 4.18 aparecerá. Observe que pode mudar o **10** para qualquer outro número que queira, como por exemplo **5**. Também pode mudar de **Top** para **Bottom**. Finalmente, clique em **OK**.

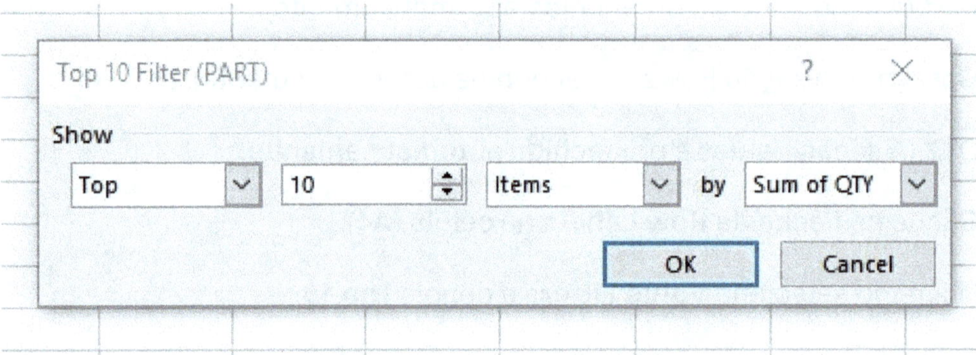

Fig. 4.18: Janela prompt do filtro de valor Top 10

A Fig. 4.19 a seguir será o resultado.

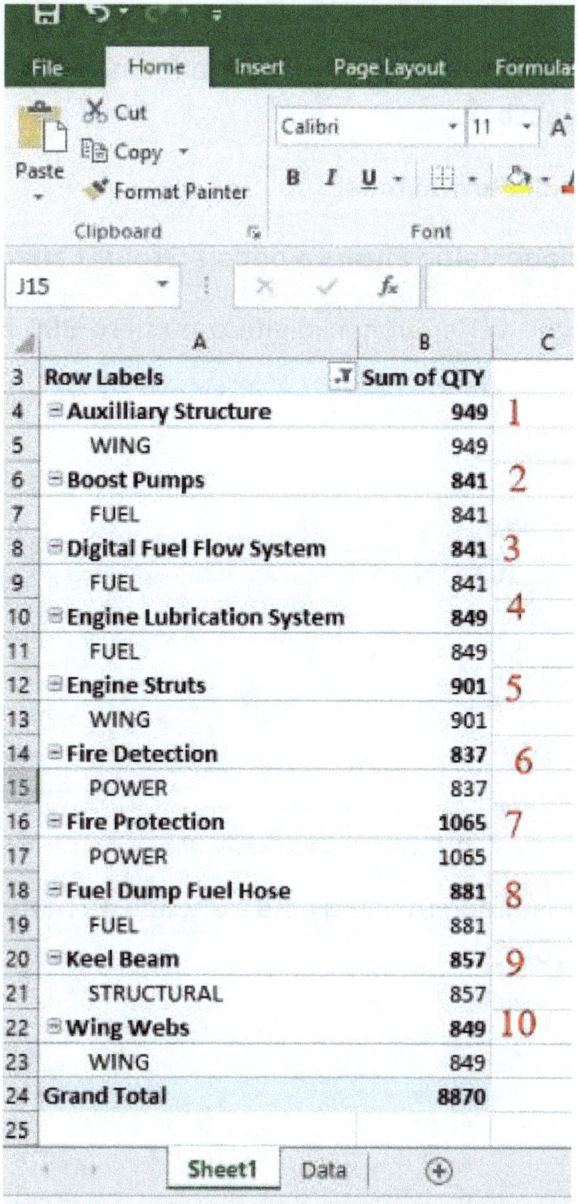

Row Labels	Sum of QTY	
Auxilliary Structure	949	1
WING	949	
Boost Pumps	841	2
FUEL	841	
Digital Fuel Flow System	841	3
FUEL	841	
Engine Lubrication System	849	4
FUEL	849	
Engine Struts	901	5
WING	901	
Fire Detection	837	6
POWER	837	
Fire Protection	1065	7
POWER	1065	
Fuel Dump Fuel Hose	881	8
FUEL	881	
Keel Beam	857	9
STRUCTURAL	857	
Wing Webs	849	10
WING	849	
Grand Total	8870	

Fig. 4.19: Resultado para o Top 10 Value Filter

Por último, para mostrar quantas peças venderam mais de 800 em quantidade, siga os mesmos passos mostrados na Fig 4.17 mas selecione ***Greater Than*** no passo 2:

1. Clique na flecha de **Row Labels**.

2. No menu, selecione **Value Filters e** depois **Greater Than**...

3. O prompt a seguir vai aparecer, digite o número **800** no campo após **is greater than**.

4. Clique em **OK**.

Veja Fig. 4.20

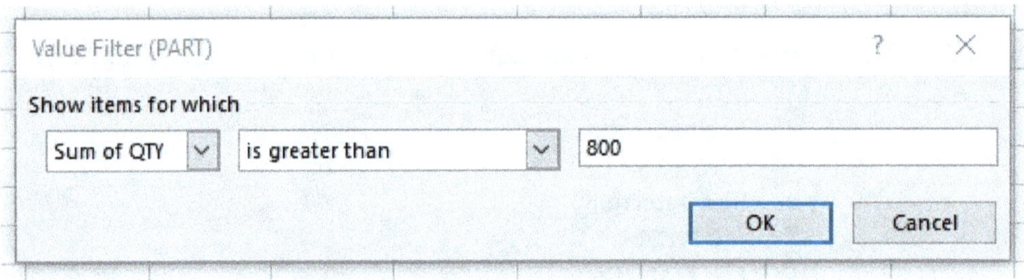

Fig. 4.20: Resultado para Greater Than Value Filter

A Fig. 4.21 será o resultado (A figura está truncada na parte de baixo por uma limitação de espaço):

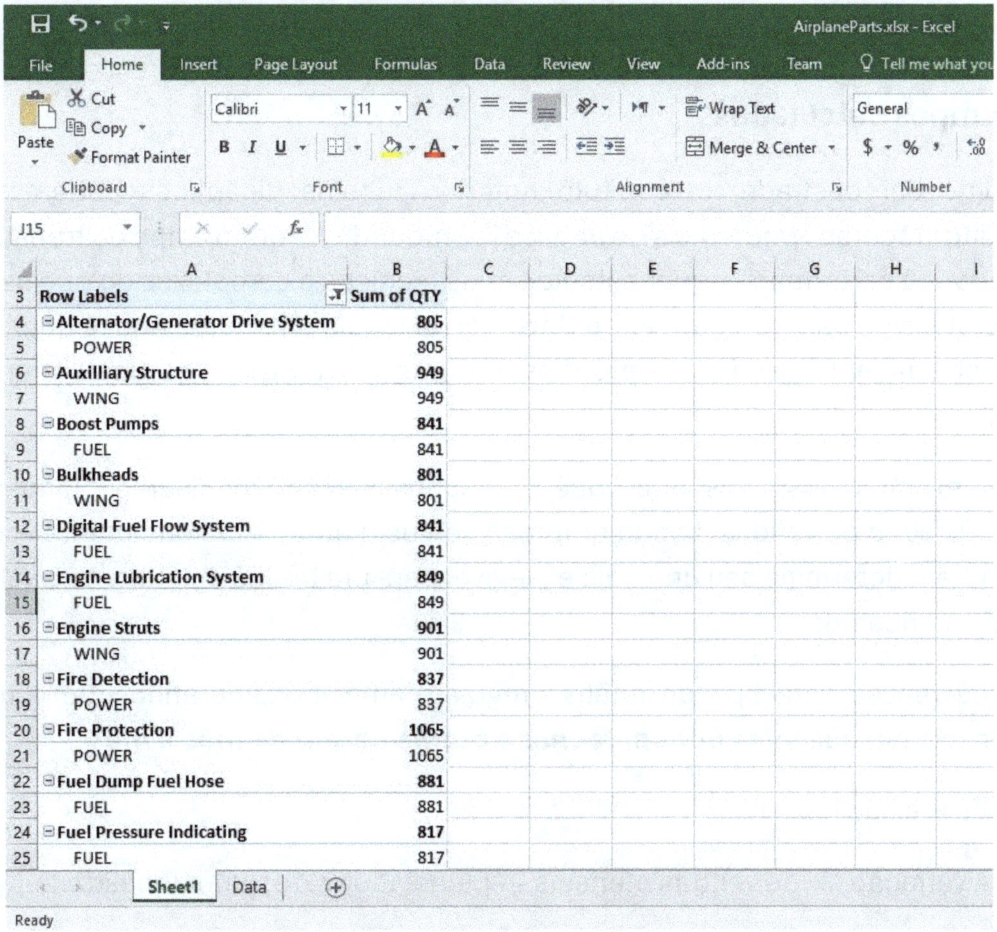

Fig. 4.21: Resultado para "mais de 800 em quantidade"

Para remover um filtro, siga esses passos (similares aos acima)

1. Clique na flecha de **Row Labels**.

2. No menu selecione **Clear Filter From...**

Capítulo 5: Cálculos em tabelas dinâmicas

Campos calculados

Como demonstrado no capítulo anterior, tabelas dinâmicas podem ter muitos recursos poderosos de análise já embutidos. Porém o tipo de trabalho que você performará requer cálculos mais técnicos e complexos do que os já incluídos no padrão **Value Field Settings** da tabela dinâmica. Aqui é quando a habilidade de inserir seus próprios **campos calculados** é particularmente útil.

Por exemplo, digamos que você é responsável por analisar o plano de localização de vendas da sua empresa versus o atual. Adicionalmente você também determina seu uma loja é elegível para um bônus, bem como o valor a ser concedido.

Você realiza este tipo de análise regularmente, considerando que é um negócio em que ***lojas podem fechar e outras abrem de mês a mês***.

Você precisa reportar:

1. A variação -/+ de vendas mensais — planejado vs. real, por localidade.

2. A variação -/+ da porcentagem mensal — planejado vs. real, por localidade.

3. Se a loja é elegível para um bônus baseado em vendas maiores que 1.5% sobre vendas planejadas.

4. Se a loja ganhou um bônus, o montante a ser pago para cada localidade, sendo 2% das vendas.

Projeto prático 2

Usaremos a planilha chamada “**StoresSales.xlsx**” da pasta de exercícios que você baixou na seção “Como utilizar este livro” para fazer nossa análise, passo a passo.

A Fig 5.0 abaixo mostra uma porção dessa planilha.

Location	Month	Planned Sales	Actual Sales
AAA	Jan	406	414
BBB	Jan	332	329
CCC	Jan	496	526
DDD	Jan	152	156
EEE	Jan	178	173
AAA	Feb	415	427
BBB	Feb	346	342
CCC	Feb	551	595
DDD	Feb	175	184
EEE	Feb	173	183
AAA	Mar	424	416
BBB	Mar	360	363
CCC	Mar	612	648
DDD	Mar	202	207
EEE	Mar	168	163

Data for adding new locations

AAA	Apr	432	450
BBB	Apr	338	329
CCC	Apr	509	526
DDD	Apr	155	150
FFF	Apr	191	170
GGG	Apr	181	170

Fig. 5.0: Planilha StoresSales.xlsx

Acrescentando um campo calculado básico

Assim como fez no último capítulo, primeiro crie um relatório básico de tabela dinâmica seguindo os passos 1 a 4 abaixo:

1. Abra a planilha StoreSales.xlsx e selecione as ***colunas*** **A:D**

2. Na barra de ferramentas selecione **INSERT, PivotTable**.

3. Selecione o **New Worksheet**.

4. Clique em **OK**.

Uma nova aba será criada e o painel 'PivotTable Fields' deverá aparecer no **lado direito**.

5. Selecione os campos a seguir:

a. **Location** (seção Columns é preenchida automaticamente).

b. **Month** (seção Rows é preenchida automaticamente).

c. **Planned Sales** and **Actual Sales** (seção Values é preenchida automaticamente).

Observação: Quando adicionamos os campos QTY, o padrão será **Count of QTY** Mude para **Sum**.

d. **Values** (arraste esse campo para a seção Rows se certificando que está ***abaixo do campo Month***). Veja Fig. 5.1:

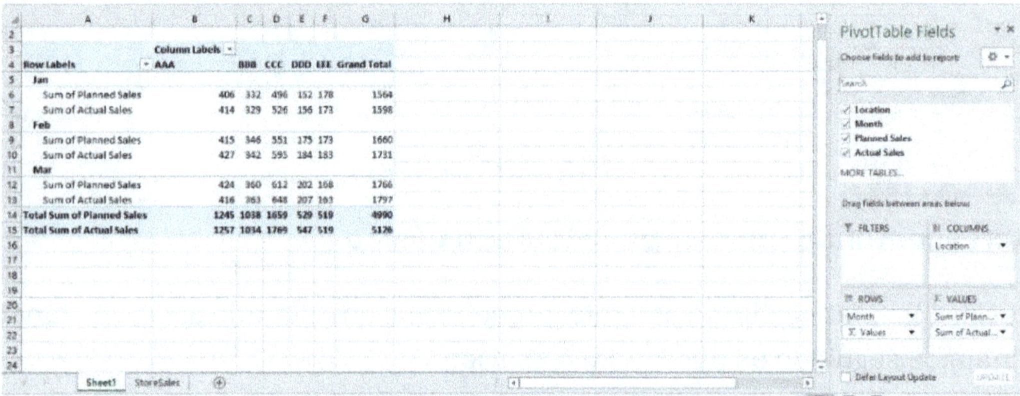

Fig. 5.1: Tabela dinâmica atualizada

6. Mude o texto da célula **A4** para **MONTH**.

7. Mude o texto da célula **B3** para **LOCATION**.

8. Clique no **Sum of Planned Sales** na seção Values. Selecione **Value Field Settings** (see Fig 5.2):

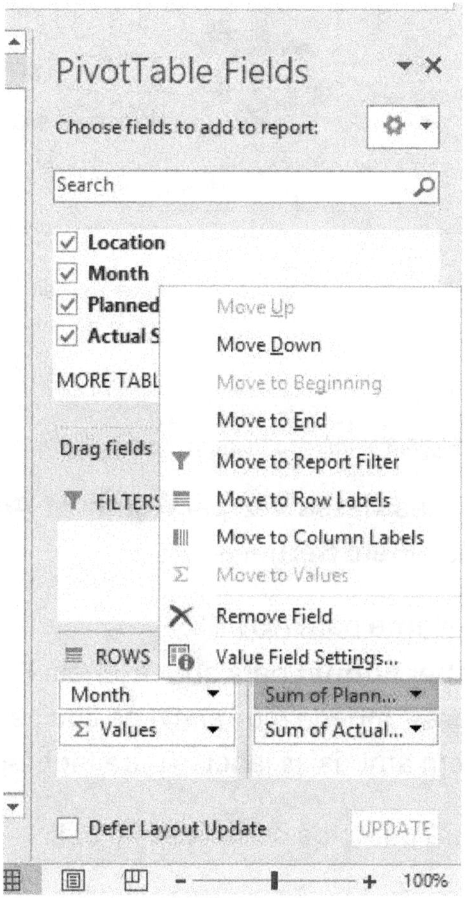

Fig. 5.2: Selecionando Value Field Settings no PivotTable Fields

- Dentro da janela **Value Field Settings** mude **Custom Name** para **PLN SLS**.

- Clique no **Number Format** para abrir a janela **Format Cells** onde você pode mudar para a <u>*moeda (currency)*</u> de sua escolha ($ por exemplo). Clique em **OK** em ambas as janelas para fechá-las. Veja Fig. 5.3:

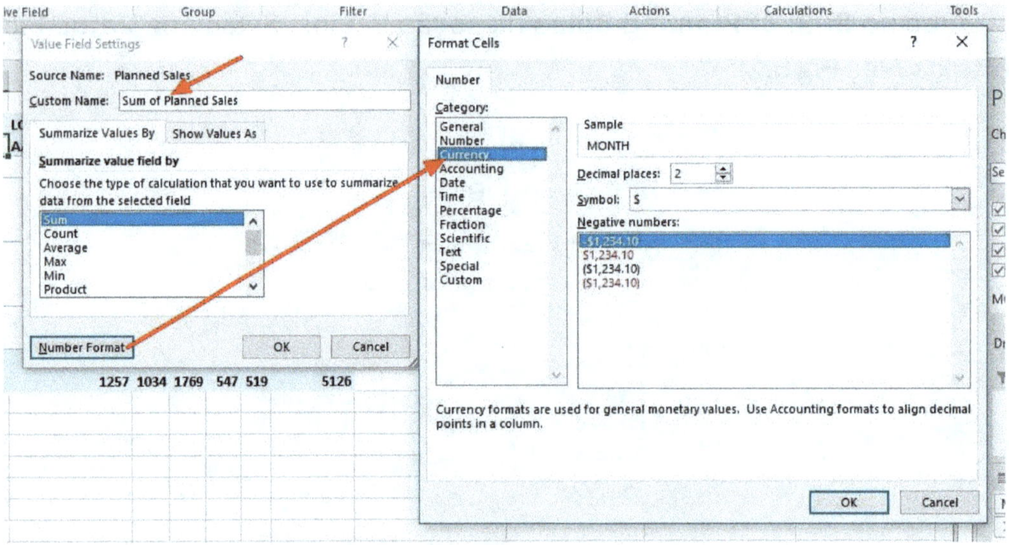

Fig. 5.3: Mudando Custom Name e Currency

9. Repita o passo **8**, mas dessa vez para **Sum of Actual Sales** na seção Values. Selecione **Value Field Settings**.

- Mude **Custom Name** para **ACT SLS**.
- Clique no **Number Format** para abrir a janela **Format Cells** onde você pode mudar para a *moeda (currency)* de sua escolha ($ por exemplo). Clique em **OK** em ambas as janelas para fechá-las.

A tabela dinâmica ficará parecida com a da Fig. 5.4:

	A	B	C	D	E	F	G
2							
3		LOCATION					
4	MONTH	AAA	BBB	CCC	DDD	EEE	Grand Total
5	Jan						
6	PLN SLS	$406.00	$332.00	$496.00	$152.00	$178.00	$1,564.00
7	ACT SLS	$414.00	$329.00	$526.00	$156.00	$173.00	$1,598.00
8	Feb						
9	PLN SLS	$415.00	$346.00	$551.00	$175.00	$173.00	$1,660.00
10	ACT SLS	$427.00	$342.00	$595.00	$184.00	$183.00	$1,731.00
11	Mar						
12	PLN SLS	$424.00	$360.00	$612.00	$202.00	$168.00	$1,766.00
13	ACT SLS	$416.00	$363.00	$648.00	$207.00	$163.00	$1,797.00
14	**Total PLN SLS**	**$1,245.00**	**$1,038.00**	**$1,659.00**	**$529.00**	**$519.00**	**$4,990.00**
15	**Total ACT SLS**	**$1,257.00**	**$1,034.00**	**$1,769.00**	**$547.00**	**$519.00**	**$5,126.00**
16							

Fig. 5.4: Tabela dinâmica atualizada

Para adicionar o nosso primeiro campo calculado mostrando a variação -/+ do plano de vendas em dólares vs. as vendas reais.

10. Na barra de ferramentas **PivotTable Tools** selecione a aba **Analyze**.

11. Clique em **Fields, Items & Sets** para acessar o menu suspenso. Veja Fig. 5.5:

12. Selecione **Calculated Field**...

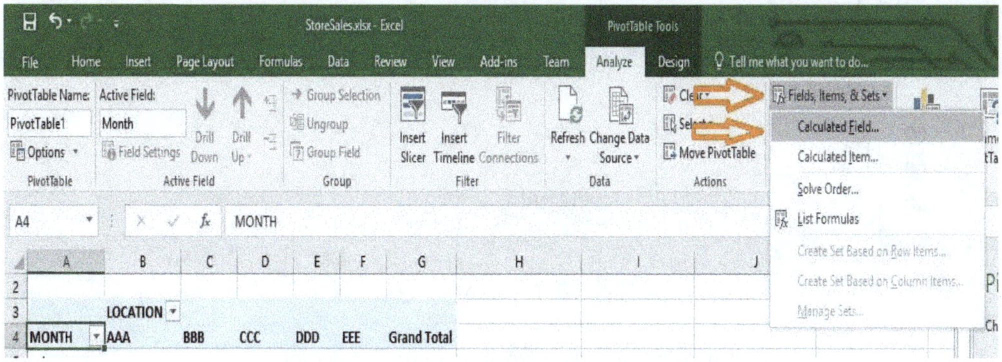

Fig. 5.5: Selecionando Calculated Field...

Uma caixa de diálogo similar à da Fig. 5.6 vai aparecer:

13. No campo **Name:**, coloque **Dollars -/+ plan vs actual**.

14. No campo **Formula**: delete o zero **'0'**, mas deixe o sinal de igual **'='**.

15. Selecione **Actual Sales** da lista **Fields** e clique no botão **Insert Field**.

16. Adicione o símbolo **'-'** no campo **Formula**: e depois **Actual Sales**.

17. Selecione **Planned Sales** na lista **Fields** e clique no botão **Insert Field**.

A fórmula a seguir deve estar agora no campo **Formula:**

= **'ACTUAL SALES' - PLAN SALES'**.

18. Clique em **OK**.

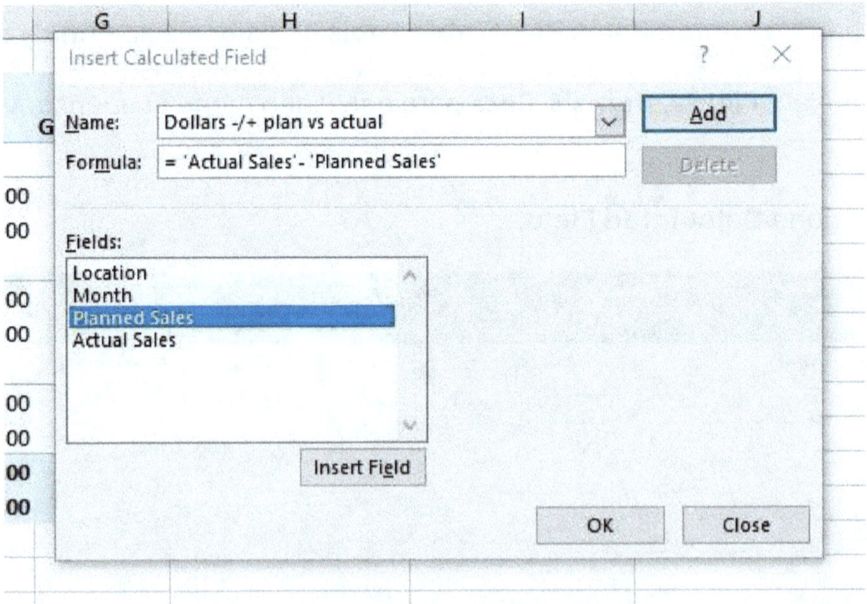

Fig. 5.6: Caixa de diálogo do campo calculado

A Fig. 5.7 abaixo mostra os resultados atualizados na nossa tabela dinâmica:

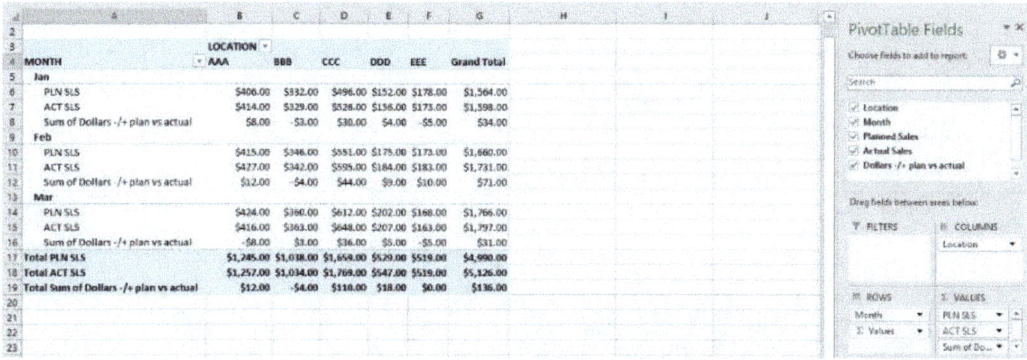

Fig. 5.7: Resultados atualizados da tabela dinâmica

Agora, vamos adicionar o campo calculado para a **variação -/+ da porcentagem vs. o real.** Os passos são similares aos realizados acima.

19. Repita os passos **10** a **12** mostrados acima.

20. No campo **Name:** coloque **Percent -/+ plan vs actual**.

21. No campo **Formula:** delete o zero '**0**', mas deixe o sinal de igual '='.

22. Adicione a fórmula abaixo no campo **Formula:**

('Actual Sales'-'Planned Sales')/ 'Planned Sales'.

23. Clique em **OK**.

A Fig. 5.8 abaixo mostra os resultados atualizados na nossa tabela dinâmica:

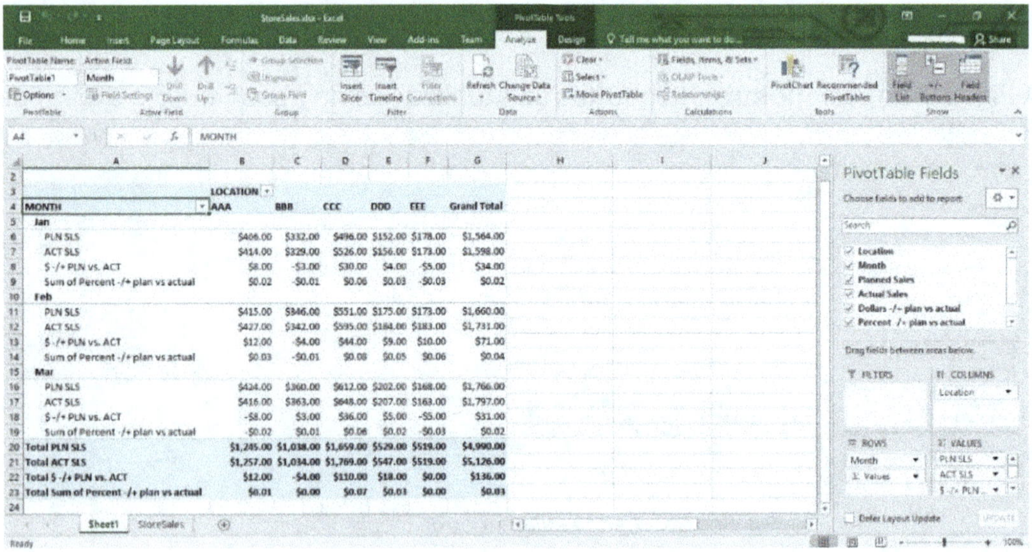

Fig. 5.8: Resultados recém atualizados da tabela dinâmica

Agora vamos **formatar nosso relatório para melhor legibilidade**. Siga os passos 1 a 14 abaixo. Eles são similares aos passos previamente realizados. Se em algum momento perceber que já realizou algum deles, pule-os:

1. Na PivotTable Fields, seção VALUES, clique no menu suspenso para **Sum of Dollars -/+ plan vs actual**. (Role para baixo caso não veja a opção).

2. Selecione **Value Field Settings**.

3. Mude **Custom Name**: para **$ -/+ PLN vs. ACT**.

4. Clique em **OK**.

5. Na lista PivotTable Fields, seção VALUES, clique no menu suspenso para **Sum of Percent -/+ plan vs actual**.

6. Selecione **Value Field Settings**.

7. Mude **Custom Name**: para **% -/+ PLN vs. ACT**.

8. Clique no **Number Format** para mudar o formato da **Percentage** para uma casa decimal (Use os botões de rolagem ou apenas digite 1 dentro da caixa).

9. Clique **OK** em cada caixa de diálogo.

10. Dentro da tabela dinâmica, clique no menu suspenso **MONTH** (cell **A4**) e selecione **Label Filters**, depois **Does Not Equal**.

11. Uma pequena janela chamada **Label Filter (Month)** aparecerá (Fig. 5.9). Quando solicitado, coloque (blank), esse método vai assegurar que quando atualizarmos os dados, nenhuma linha ou coluna vazia aparecerá, mas nossas novas localidades irão. Clique em **OK**.

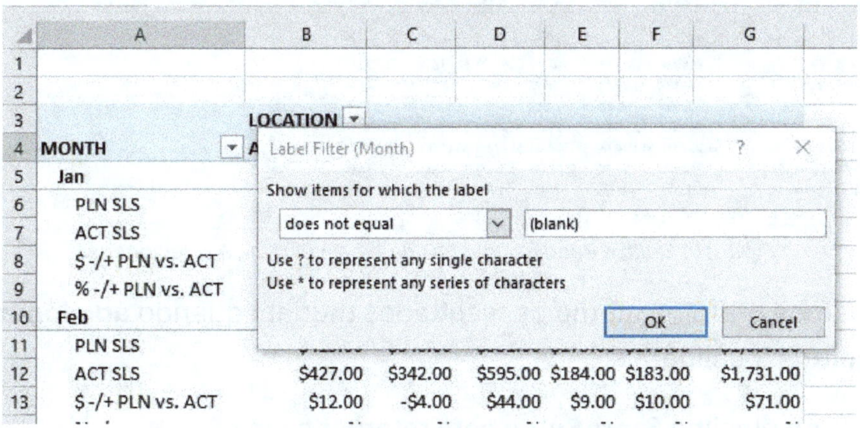

Fig. 5.9: Preenchendo a janela Label Filter (Month)

12. Na barra de ferramentas **PivotTable Tools** selecione a aba **Design**.

13. Selecione o **PivotTable Style** de sua preferência.

14. Clique na caixa de seleção **Banded Columns**.

Veja Fig. 5.10.

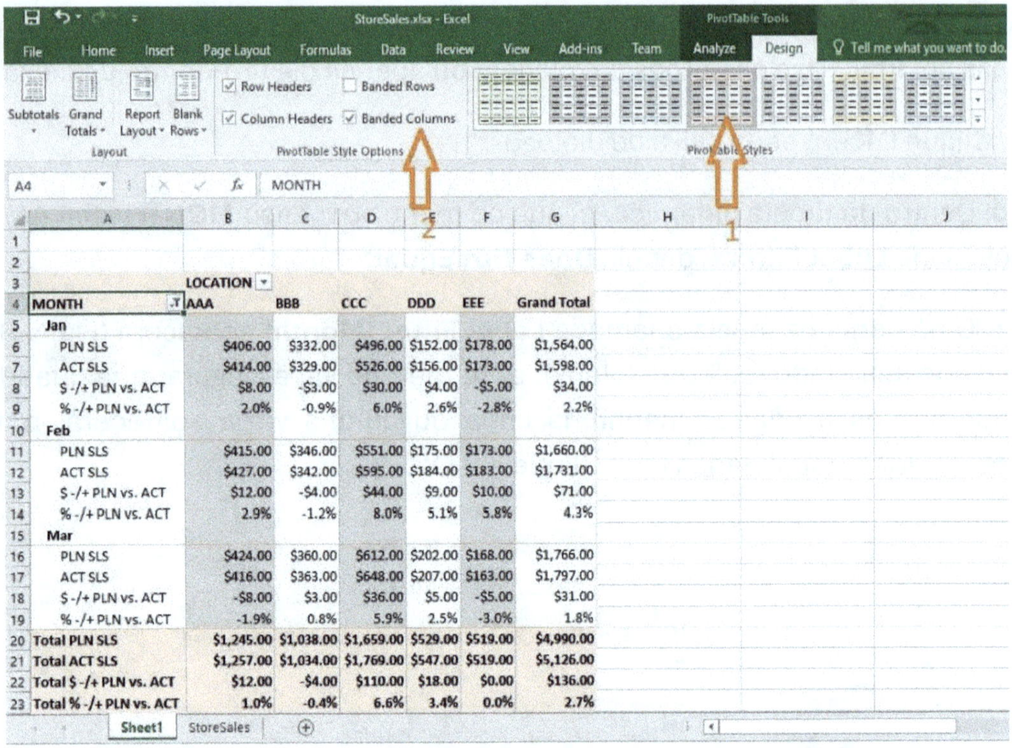

MONTH	AAA	BBB	CCC	DDD	EEE	Grand Total
Jan						
PLN SLS	$406.00	$332.00	$496.00	$152.00	$178.00	$1,564.00
ACT SLS	$414.00	$329.00	$526.00	$156.00	$173.00	$1,598.00
$ -/+ PLN vs. ACT	$8.00	-$3.00	$30.00	$4.00	-$5.00	$34.00
% -/+ PLN vs. ACT	2.0%	-0.9%	6.0%	2.6%	-2.8%	2.2%
Feb						
PLN SLS	$415.00	$346.00	$551.00	$175.00	$173.00	$1,660.00
ACT SLS	$427.00	$342.00	$595.00	$184.00	$183.00	$1,731.00
$ -/+ PLN vs. ACT	$12.00	-$4.00	$44.00	$9.00	$10.00	$71.00
% -/+ PLN vs. ACT	2.9%	-1.2%	8.0%	5.1%	5.8%	4.3%
Mar						
PLN SLS	$424.00	$360.00	$612.00	$202.00	$168.00	$1,766.00
ACT SLS	$416.00	$363.00	$648.00	$207.00	$163.00	$1,797.00
$ -/+ PLN vs. ACT	-$8.00	$3.00	$36.00	$5.00	-$5.00	$31.00
% -/+ PLN vs. ACT	-1.9%	0.8%	5.9%	2.5%	-3.0%	1.8%
Total PLN SLS	$1,245.00	$1,038.00	$1,659.00	$529.00	$519.00	$4,990.00
Total ACT SLS	$1,257.00	$1,034.00	$1,769.00	$547.00	$519.00	$5,126.00
Total $ -/+ PLN vs. ACT	$12.00	-$4.00	$110.00	$18.00	$0.00	$136.00
Total % -/+ PLN vs. ACT	1.0%	-0.4%	6.6%	3.4%	0.0%	2.7%

Fig. 5.10: Estilo e Banded Columns da tabela dinâmica selecionadas

Agora vamos examinar como os resultados mudam quando **adicionamos** ou **removemos** localidades.

1. Clique na planilha **StoreSales** para retornar a ela.

2. Copie as células **F2:I7** e cole (CTRL+V) na célula **A17**.

Veja Fig. 5.11.

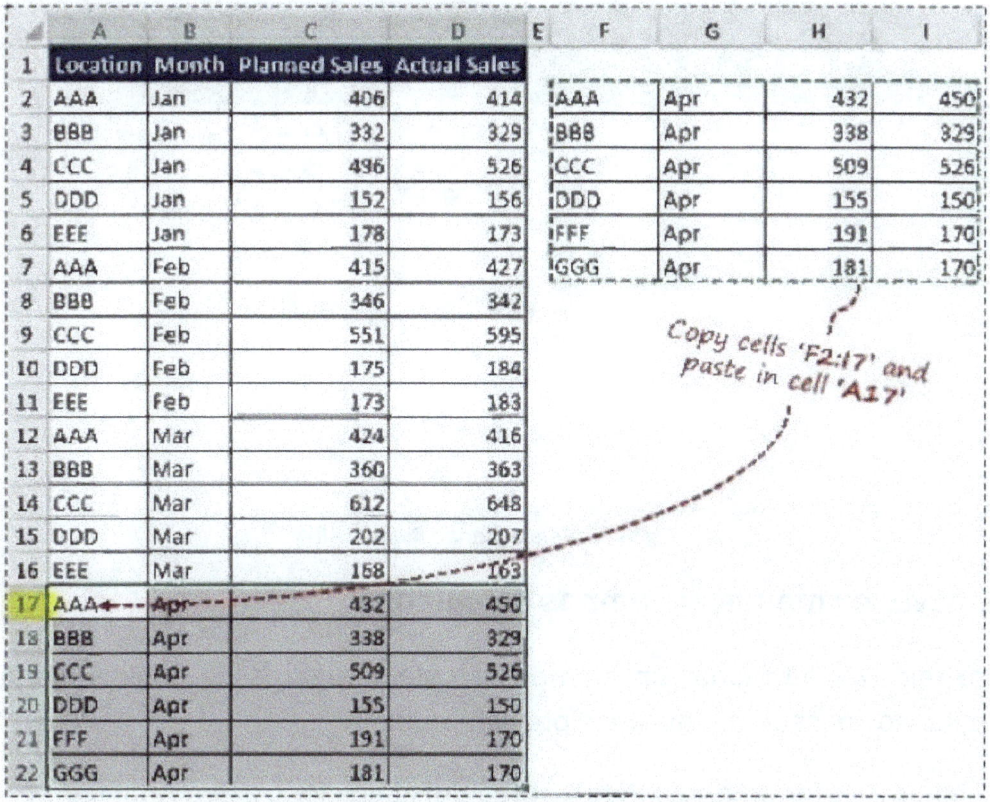

	A	B	C	D
1	Location	Month	Planned Sales	Actual Sales
2	AAA	Jan	406	414
3	BBB	Jan	332	329
4	CCC	Jan	496	526
5	DDD	Jan	152	156
6	EEE	Jan	178	173
7	AAA	Feb	415	427
8	BBB	Feb	346	342
9	CCC	Feb	551	595
10	DDD	Feb	175	184
11	EEE	Feb	173	183
12	AAA	Mar	424	416
13	BBB	Mar	360	363
14	CCC	Mar	612	648
15	DDD	Mar	202	207
16	EEE	Mar	168	163
17	AAA	Apr	432	450
18	BBB	Apr	338	329
19	CCC	Apr	509	526
20	DDD	Apr	155	150
21	FFF	Apr	191	170
22	GGG	Apr	181	170

	F	G	H	I
2	AAA	Apr	432	450
3	BBB	Apr	338	329
4	CCC	Apr	509	526
5	DDD	Apr	155	150
6	FFF	Apr	191	170
7	GGG	Apr	181	170

Fig. 5.11: Copiando as células F2:I7 e colando na célula A17

3. Retorne para a aba (Sheet1) da **tabela dinâmica**. Na barra de ferramentas **PivotTable Tools** selecione a aba **Analyze**.

4. Clique na flecha abaixo de **Refresh**. Depois clique em **Refresh All**. Fig. 5.12.

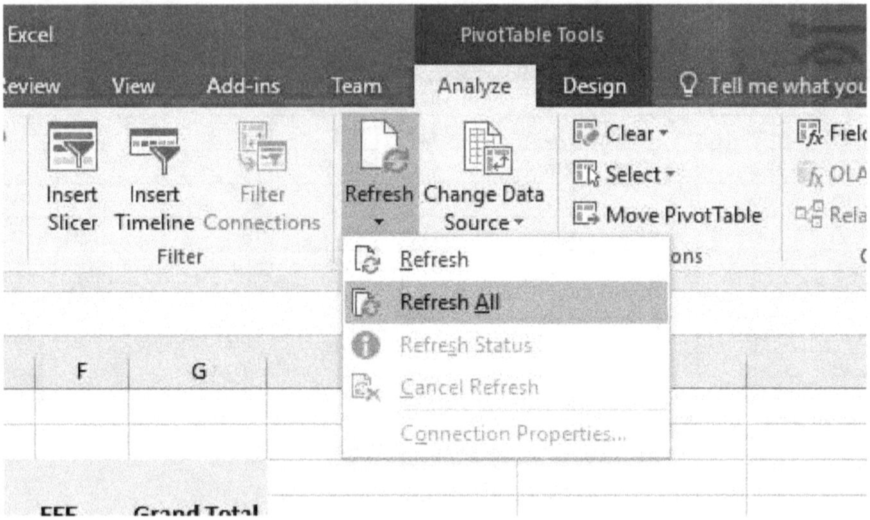

Fig. 5.12: Selecionando Refresh All

Remover ou modificar campos calculados

Para remover ou mudar um campo calculado siga esses passos simples (similar aos passos já realizados previamente):

1. Na barra de ferramentas **PivotTable Tools** selecione a aba **Analyze.**

2. Clique em **Fields, Items & Sets.**

3. Selecione **Calculated Field...**

A caixa de diálogo na Fig. 5.13 deverá aparecer:

4. No menu suspenso **Name:** selecione o campo calculado que gostaria de mudar ou remover.

5. Clique no botão apropriado, sendo o **Modify** ou **Delete.**

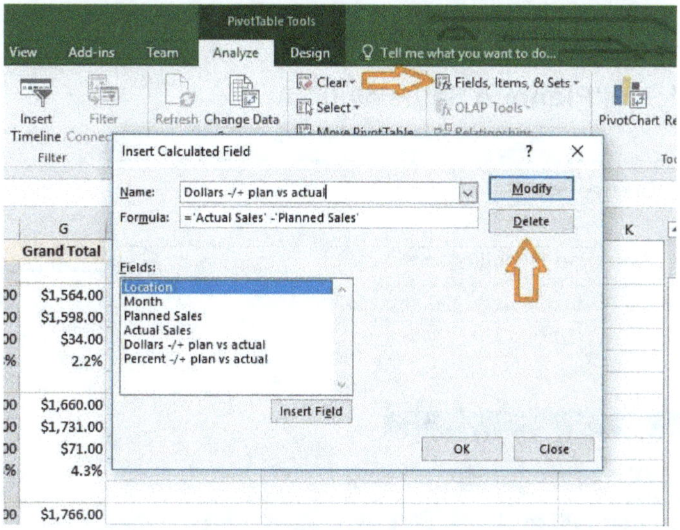

Fig. 5.13: Caixa de diálogo do campo calculado

Incluindo campos lógicos (if...then)

Vamos precisar inserir dois campos calculados adicionais a fim de responder as perguntas a seguir:

- A loja é elegível para um bônus com base nas vendas reais superiores a 1,5% das vendas planejadas?

- Se a loja é elegível, qual o montante a ser pago a essa localidade? Isso é calculado como 2% das vendas verdadeiras da loja.

Os dois campos calculados abaixo são necessários:

1. Location Eligibility Amount para calcular qual é o 1.5% a mais das vendas planejadas de cada localidade.

2. Bonus Award é a quantidade a ser paga. Se são elegíveis, quanto é 2% das vendas verdadeiras para cada localidade?

Fórmula de Location_Eligibility_Amt:

='Planned Sales'+('Planned Sales'*0.015)

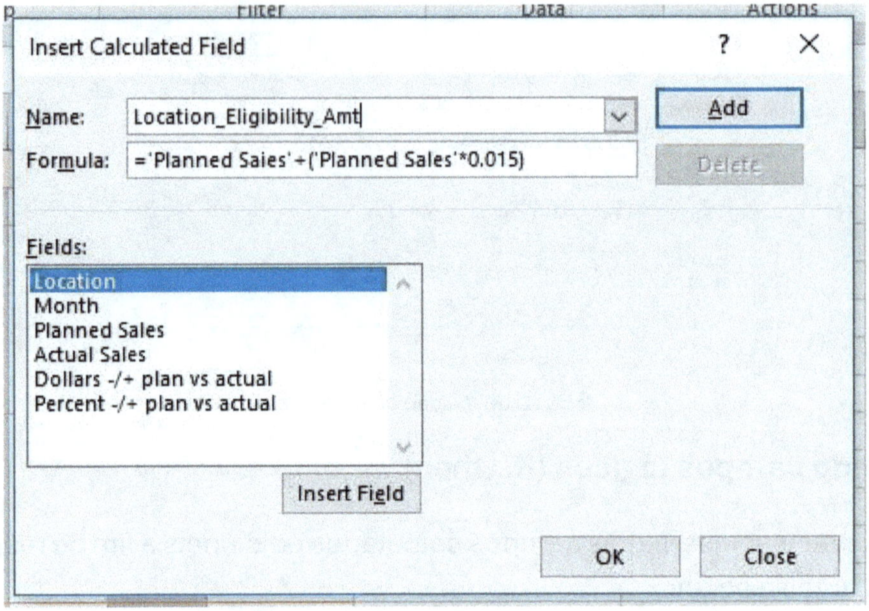

Fig. 5.14: Campo calculado para Location_Eligibility_Amt

Fórmula de Bonus_Award:

=IF('Actual Sales '>Location_Eligibility_Amt,('Actual Sales '*0.02),0)

Capítulo 6: Customizando tabelas dinâmicas

Neste capítulo, exploraremos como usar várias configurações poderosas disponíveis no Excel 2016 para ajustar as tabelas dinâmicas. Esses ajustes vão de mudanças estéticas a mudanças aos cálculos subjacentes usados nas tabelas. Você pode ter notado que já cobrimos algumas customizações no último capítulo.

Embora tabelas dinâmicas sejam uma maneira extremamente rápida de resumir dados, as vezes seus padrões não são o que precisamos. Nestes casos, muitas configurações poderosas podem ser usadas para ajustar as tabelas dinâmicas.

No Excel 2016, os controles para a customização podem ser encontrados em vários lugares como na aba **Analyze**, na caixa de diálogo **Field Settings**, na aba **Design**, na caixa de diálogo **Data Field Settings**, na caixa de diálogo **PivotTable Options** e em outros menus de acesso rápido.

A seguir estão algumas áreas funcionais onde a customização das tabelas dinâmicas é feita:

- Mudanças estéticas grandes como utilizar os **estilos** para formatar qualquer tabela rapidamente.

- Mudanças estéticas pequenas como mudar células brancas para **0** (zero), ajustar um **formato numérico** e **renomear** um campo. Tentar corrigir todas essas configurações predefinidas em cada tabela dinâmica criada pode ser bem irritante.

- Mudanças no layout como comparar 3 possíveis layouts, mostrando ou escondendo subtotais e totais e repetindo rótulos de linhas.

- Realizar funções agregadas como mudar **Sum** para **Count, Min, Max** etc. Em uma tabela dinâmica onde o padrão é **Count of Revenue**, você pode mudar para **Sum of Revenue**.

- Realizar cálculos avançados como usar configurações para mostrar dados como um total recorrente. Isso também é verdade para percentagem do total, classificação percentual, percentagem do item pai e muitos outros.

Algumas das customizações acima já foram aplicadas ao projeto feito (Projeto prático 2) no capítulo 5. Alguns outros serão discutidos abaixo.

Fazendo grandes mudanças estéticas

Você precisa fazer algumas mudanças em qualquer tabela dinâmica para facilitar a interpretação e entendimento. A Fig. 6.0 mostra uma tabela dinâmica típica.

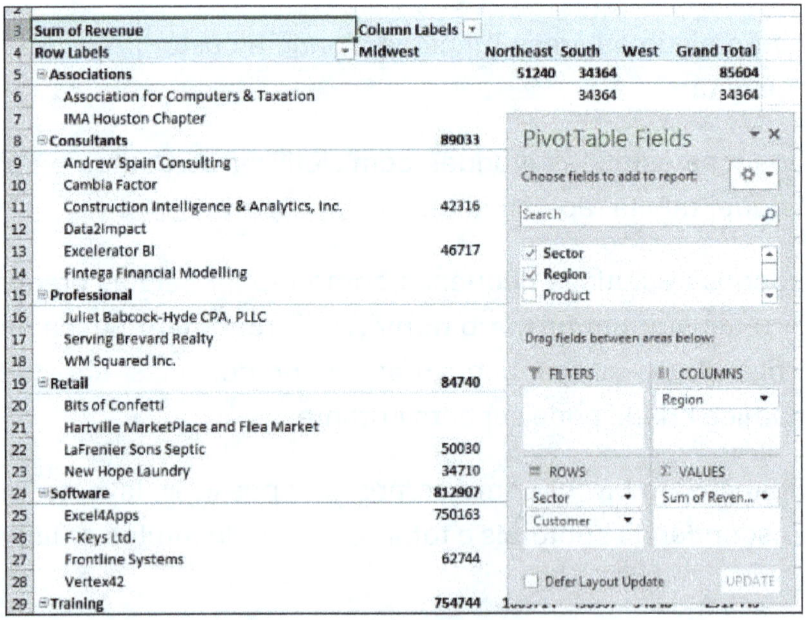

Fig. 6.0: Tabela dinâmica típica

Usando um estilo de tabela para restaurar Gridlines

A Fig. 6.0 é um layout padrão de uma tabela dinâmica sem gridlines. É muito simples. Felizmente, um estilo de tabela pode ser aplicado. Escolha qualquer um de sua preferência.

Siga esses passos para aplicar um estilo de tabela:

1. Se certifique que a célula ativa esteja dentro da tabela dinâmica.

2. Na barra de ferramentas, selecione a aba **Design**. Três flechas aparecem no lado direito da galeria **PivotTable Style**.

3. Clique na última para abrir a galeria completa, como mostrado na Fig. 6.1:

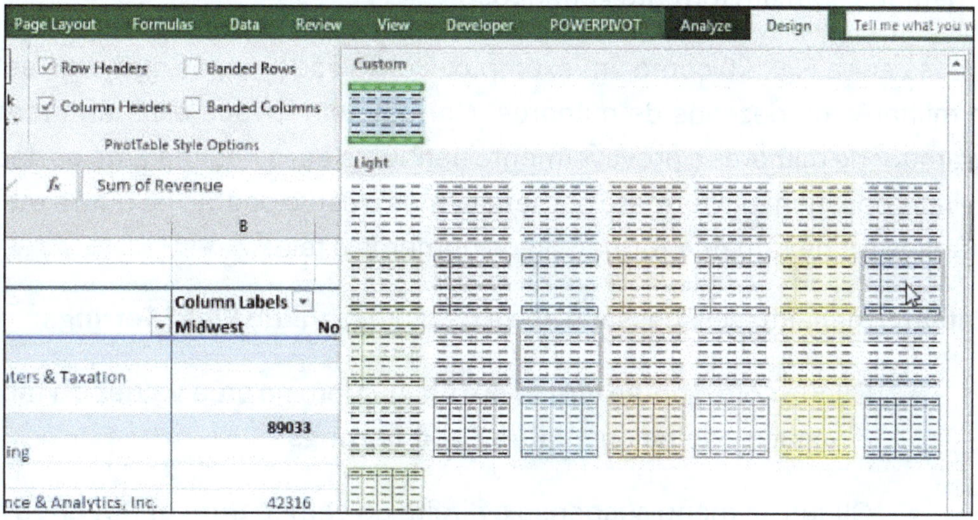

Fig. 6.1: Galeria PivotTable Style completada

4. Pelo menu suspenso, escolha qualquer estilo diferente do primeiro. Os mais perto do fundo tendem a ter mais formatação.

5. Selecione a caixa de seleção para **Banded Rows** a esquerda da galeria de estilo da tabela dinâmica. Isso desenha gridlines claras e adiciona listras escuras, intercaladas, nas linhas.

O estilo que você escolheu não importa. Tem outros 84 estilos que são melhores que o padrão.

Fazendo pequenas mudanças estéticas

Adicionando separadores de milhares em Number Formatting.

Se você já formatou seus dados brutos, pode estar esperando que a tabela dinâmica inclua parte dessa formatação. Infelizmente, não é o caso. Mesmo que você tenha formatado seus campos de dados brutos com um certo formato numérico, a tabela dinâmica padrão apresentará valores que são formatados com um formato genérico.

Vamos usar a Fig. 6.0 como um exemplo. Como pode ver, os números estão em milhares ou dezenas de milhares. Normalmente, você esperaria ter um separador de milhares e provavelmente nenhuma casa decimal. Até os dados originais possuem um formato numérico, mas o estilo padrão no qual a tabela dinâmica rotineiramente formata seus números é feia.

Existem 3 maneiras de acessar a caixa de diálogo **Value Field Settings**:

- Clique com o botão direito em um número na área Values da tabela dinâmica e selecione **Value Field Settings**.
- Clique no menu suspenso a direita do campo **Sum of Revenue** nas áreas da lista de campos da tabela dinâmica e selecione **Value Field Settings** no menu de contexto.
- Selecione qualquer célula na área Values da tabela dinâmica. Na aba **Analyze** selecione **Field Settings** da **Active Field group**.

Como mostrado na Fig. 6.2, a caixa de diálogo Value Field Settings é apresentada. Para mudar o formato numérico, clique no botão **Number Format** no canto inferior esquerdo da caixa.

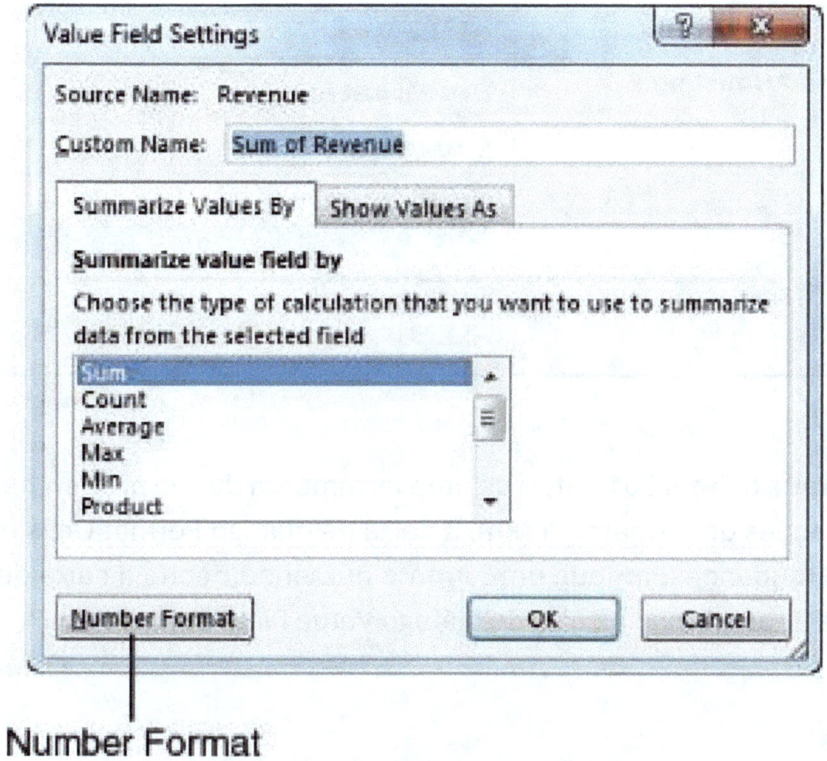

Fig. 6.2: Caixa de diálogo Value Field Settings

Na caixa de diálogo **Format Cells** da Fig. 6.3, selecione qualquer formato de número embutido ou escolha um personalizado. Por exemplo, você pode selecionar Currency, como mostrado na Fig. 6.3.

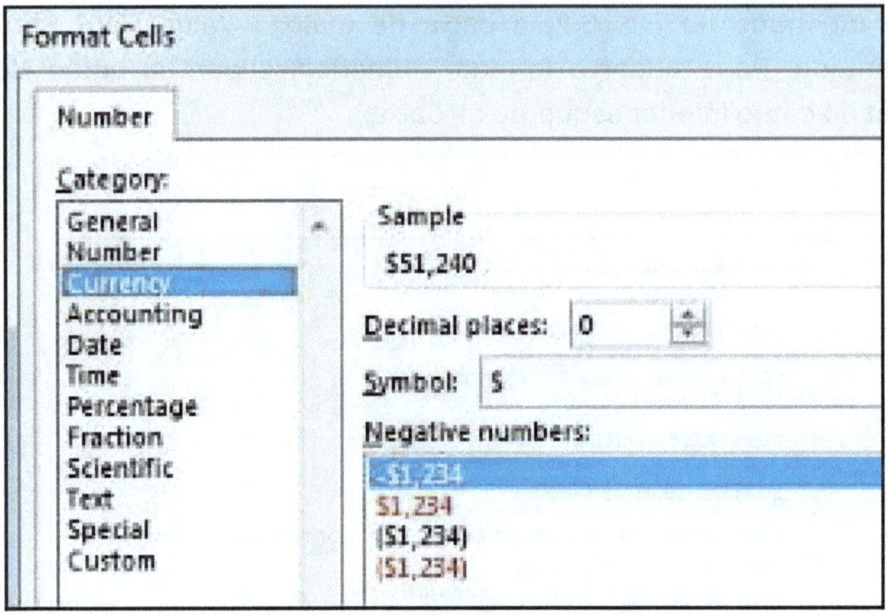

Fig. 6.3: Caixa de diálogo Format Cells

Observe que o Excel 2016 oferece uma ferramenta de live preview para várias configurações de formato. Porém, a caixa de diálogo Format Cells não. Para ver suas mudanças, atribua um formato numérico, feche a caixa de diálogo Format e depois feche a caixa de diálogo Value Field Settings.

Capítulo 7: Usando VBA Macro Language para criar tabelas dinâmicas

Introdução ao VBA

O Microsoft Excel introduziu uma nova **linguagem macro** poderosa chamada **Visual Basic for Applications (VBA)**. Cada versão do Excel produzida desde 1993 teve uma cópia da linguagem VBA escondida atrás das planilhas. A VBA permite que você realize os passos que normalmente faz no Excel de forma rápida e perfeita. Já vi um programa VBA transformar um processo que normalmente levaria dias a cada mês em um único botão com um minuto de tempo de processamento.

Por que usar macros com seus relatórios de tabela dinâmica?

Imagine que você pudesse estar em várias localidades ao mesmo tempo com vários clientes de uma só vez os ajudando com seus relatórios de tabela dinâmica. Suponha que você possa ajudar vários clientes a atualizar seus dados, extrair os top 20 registros, agrupar por meses ou organizar por receita. O fato é que você pode fazer exatamente isso utilizando os macros do Excel.

Um **macro** é uma série de keystrokes (atalhos) que foram gravados e salvos. Após salvos, podem ser reproduzidos sob comando. Em outras palavras, você pode gravar suas ações em um macro, salvá-lo e depois permitir que seus clientes reproduzam suas ações com o toque de um botão. É como se você estivesse com eles! Essa funcionalidade é excepcionalmente útil na distribuição de relatórios de tabelas dinâmicas.

Por exemplo, suponha que queira dar aos seus clientes a opção de agrupar seus relatórios por mês, trimestre ou ano. Embora o processo de agrupar possa ser feito por qualquer um, alguns deles podem não saber como fazer isso. Nesse caso, você pode gravar um macro para agrupar por trimestre e um macro para agrupar por ano. Depois é só criar três botões, um para cada macro. No final, seus clientes, tendo pouca experiência com tabelas dinâmicas, só precisarão clicar em um botão para agrupar seus relatórios.

Um dos maiores benefícios com seus relatórios de tabela dinâmica é o poder que você pode dar aos seus clientes para facilmente performarem ações que eles normalmente não conseguiriam sozinhos, os empoderando a analisar os dados que você fornece mais efetivamente.

Gravando seu primeiro macro

Veja a tabela dinâmica da Fig. 7.0. Você sabe que pode atualizar essa tabela dinâmica (ou qualquer outra que criou anteriormente neste livro) clicando com o botão direito do mouse dentro da tabela dinâmica e selecionando **Refresh**. Agora, se gravar suas ações com um macro enquanto atualiza sua tabela dinâmica, você ou qualquer outra pessoa pode replicar suas ações e atualizar essa tabela ao rodar esse macro.

	A	B
1	Region	(All)
2		
3	**Row Labels**	**Sum of Sales_Amount**
4	ACASCO Corp.	$675
5	ACECUL Corp.	$593
6	ACEHUA Corp.	$580
7	ACOPUL Corp.	$675
8	ACORAR Corp.	$2,232
9	ACSBUR Corp.	$720
10	ADACEC Corp.	$345
11	ADADUL Corp.	$690
12	ADANAS Corp.	$345
13	ADCOMP Corp.	$553
14	ADDATI Corp.	$379
15	ADDOUS Corp.	$5,209
16	ADFARM Corp.	$357

Fig. 7.0: Uma tabela dinâmica de amostra

A tabela dinâmica básica pode ser atualizada facilmente clicando com o botão direito e selecionando **Refresh**, mas se você gravou suas ações em um macro, poderá atualizar essa tabela apenas ***reproduzindo-o***.

O primeiro passo para gravar um macro é iniciar a caixa de diálogo **Record Macro**. Selecione a aba **Developer** na barra de ferramentas e depois selecione **Record Macro**.

Dica importante: Não consegue achar a aba **Developer** na barra de ferramentas? Clique na aba **File** na barra de ferramentas e depois selecione a seleção **Options**. Isso abrirá a caixa de diálogo **Excel Options**, onde você clicará em **Customize Ribbon**. Na **ListBox** localizada na direita, selecione a caixa de seleção **Developer**. Selecionar está opção habilita a aba **Developer**.

Quando a caixa de diálogo Record Macro é ativada, você pode preencher algumas informações chave sobre o macro:

- **Macro Name**: Digite um nome para seu macro. Uma boa prática é escolher um nome que descreve a ação a ser performada.
- **Shortcut Key**: Você pode digitar qualquer letra nessa caixa de entrada. Essa letra se tornará parte de uma série de teclas que podem ser pressionadas (juntamente com a tecla Ctrl) para reproduzir seu macro. Isso é opcional.
- **Store Macro In**: Especifique onde você quer que seu macro seja guardado. Se está distribuindo seu relatório, deveria selecionar **This Workbook** para que seu macro esteja disponível para seus clientes.
- **Description**: Nessa caixa de entrada você pode digitar algumas palavras que dão mais detalhes sobre o macro.

Como esse macro atualiza sua tabela dinâmica quando reproduzido, nomei-o **RefreshData**. Também atribua uma tecla de atalho de **R**. Perceba que a caixa de diálogo te dá um atalho completo de **Ctrl+Shift+R**. Tenha em mente que você usa essas teclas para reproduzir seu macro após a criação. Se certifique de guardar em **This Workbook**. Clique **OK** para continuar. Quando estiver pronto, a caixa de diálogo deve estar igual a da Fig. 7.1:

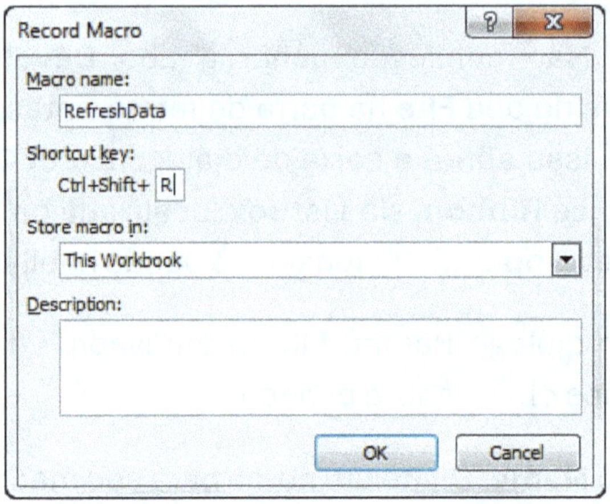

Fig. 7.1: Caixa de diálogo Record Macro

Quando você clica em **OK** na caixa de diálogo **Record Macro**, inicia o processo de gravação. A partir daqui, qualquer ação que você realize será gravada pelo Excel. Nesse caso, você vai querer gravar o processo de atualizar sua tabela dinâmica.

Clique com o botão direito do mouse em qualquer lugar da tabela dinâmica e depois selecione **Refresh**. Após atualizar sua tabela, pode encerrar o processo de gravação selecionando o botão **Stop Recording** na aba **Developer**.

Parabéns! Acaba de gravar seu primeiro macro. Você agora pode reproduzi-lo pressionando **Ctrl+Shift+R**.

Observação importante sobre o Macro Security: Você deve estar ciente que quando grava um macro por si próprio, ele é executado sem restrições de segurança no seu computador. Porém, ao distribuir pastas de trabalhos que contém macros, seus clientes precisam clarificar para o Excel que ela não é um risco de segurança, permitindo que seus macros sejam executados.

De fato, você deve ter em mente que qualquer arquivo com macros que presentes neste livro não executará a não ser que diga ao Excel para habilitar os macros incluídos.

A melhor maneira de fazer isso é usar a pasta de trabalho em um local confiado, um diretório considerado uma zona segura onde somente as pastas confiáveis são guardadas. Um local confiável permite que você e seus clientes reproduzam uma pasta de trabalho com macros habilitados sem restrições de segurança, contanto que ela esteja naquele local.

Para configurar um local confiável, siga estes passos:

1. Selecione o botão **Macro Security** na aba **Developer**. Isso ativará a caixa de diálogo **Trust Center**.

2. Selecione o botão **Trusted Locations**.

3. Selecione **Add New Location**.

4. Clique em **Browse** para especificar o diretório que deverá ser considerado um local confiável.

Após especificar, clique **OK** em cada caixa para fechá-las. Daqui para frente, todas os pasta de trabalhos que abrirem daquele local estarão, por padrão, com os macros habilitados.

Na próxima seção, você irá além de gravar macros. Você aprenderá a "***Usar a VBA para criar tabelas dinâmicas***". Irá utilizar o VBA para processos de bastidores e cálculos poderosos utilizando tabelas dinâmicas.

Usando o VBA para criar tabelas dinâmicas

Primeiro, você precisa saber como habilitar o VBA no seu Excel. Se por padrão, ele se encontra desabilitado em sua cópia do Excel/Office, antes de poder usá-lo, precisará habilitar os macros no **Trust Center**.

Siga estes passos:

1. Clique no menu **File** para mostrar a **Backstage View**.

2. No menu lateral, selecione **Options**. A caixa de diálogo de **Options** do **Excel** exibe:

3. No menu lateral Excel Options, selecione **Customize Ribbon**.

4. A lista certa tem as principais abas disponíveis no Excel. Por padrão, a caixa de seleção para a aba Developer não está selecionada. Selecione essa aba e a inclua na barra de ferramentas. Clique em **OK** para fechar **Excel Options**.

5. Na aba de ferramentas clique em **Developer**. Como mostrado na Fig. 7.2, o Code Group no lado esquerdo da barra de ferramentas inclui ícones para o **Visual Basic Editor**, **Macros**, **Macro Recorder** e **Macro Security**.

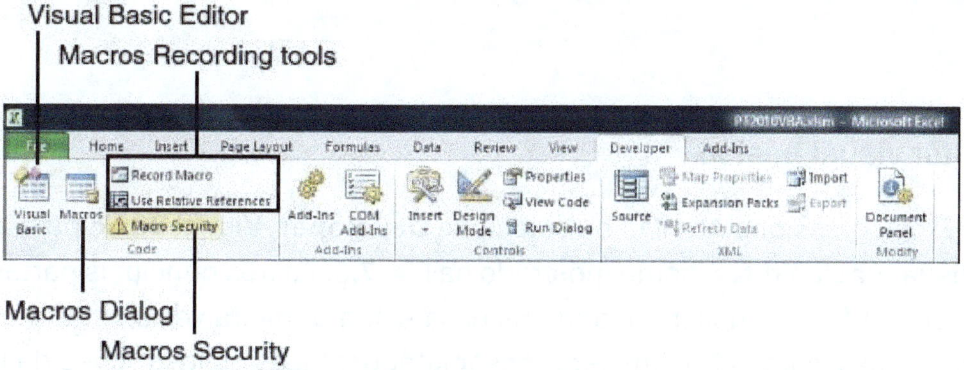

Fig. 7.2: Ferramentas de VBA e Macro tools na barra de ferramentas do Excel

6. Clique no ícone **Macro Security**. O Excel abre o **Trust Center** onde você tem quatro opções de segurança. Essas escolhas usam palavras diferentes das utilizada no Excel 97 até o Excel 2003. O passo 7 explica as escolhas.

7. Escolha uma das opções a seguir:

- **Desabilite todos os macros com uma notificação**: Essa configuração é equivalente ao medium macro security no Excel 2003. Quando você abre uma pasta de trabalho que contém macros, uma mensagem aparece te alertando que ela possui macros. Se você já espera que eles existam, deverá clicar em Options e habilitar para permitir que os macros rodem. Essa é a configuração mais segura pois o força a habilitar os macros, explicitamente, em cada pasta de trabalho.

- **Habilite todos os macros**: Essa configuração não é recomendada pois pode permitir que códigos perigosos sejam rodados. Porém, essa configuração é equivalente a low macros security no Excel 2003. Porque pode habilitar macros trapaceiros em arquivos enviados a você por terceiros. A Microsoft recomenda que não utilize essa configuração.

Editor visual básico

No Excel, pressione **Alt+F11** ou selecione **Developer**, **Visual Basic** para abrir o **Visual Basic Editor**, como mostrado na Fig. 7.3. As três principais partes do Editor de VBA são descritos aqui. Se essa é sua primeira vez usando o VBA, alguns desses itens podem estar desabilitados. Sigas as instruções da lista abaixo para se certificar que cada item está habilitado.

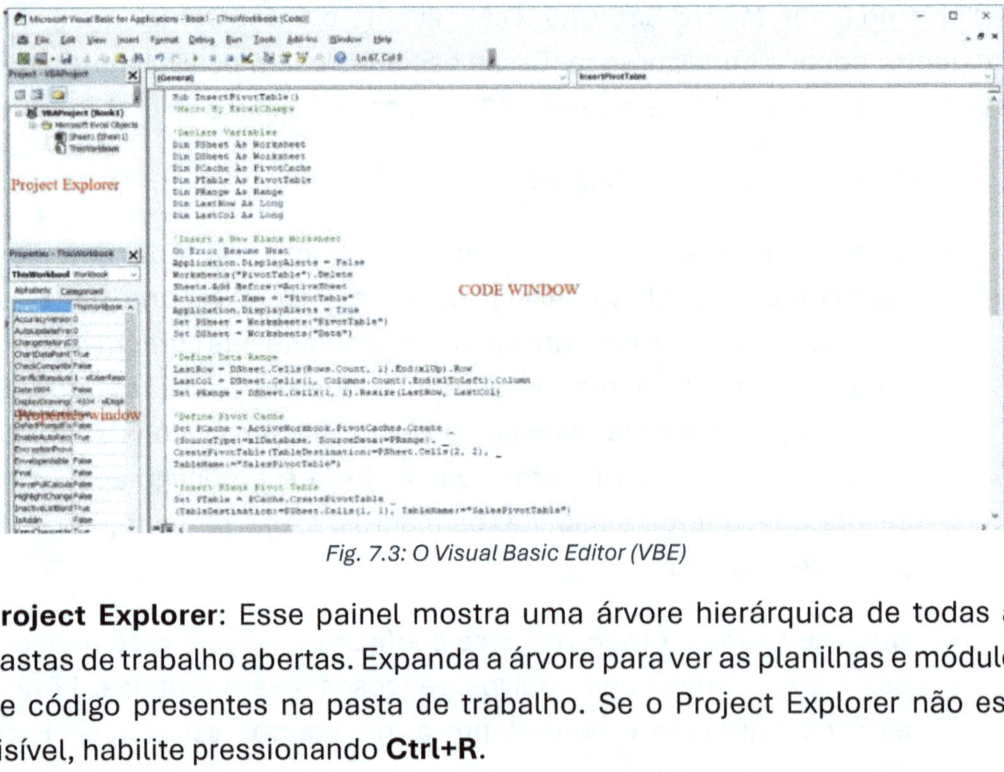

Fig. 7.3: O Visual Basic Editor (VBE)

Project Explorer: Esse painel mostra uma árvore hierárquica de todas as pastas de trabalho abertas. Expanda a árvore para ver as planilhas e módulos de código presentes na pasta de trabalho. Se o Project Explorer não está visível, habilite pressionando **Ctrl+R**.

Janela Properties: A janela Properties é importante quando você começa a programar formulários de usuários. Tem utilidade ao descrever código normal, habilite pressionando **F4**.

Janela Code: Essa é a área onde você escreve seu código. Ele é guardado em um ou mais módulos de código ligados à sua pasta de trabalho. Para adicionar um módulo de código a uma pasta de trabalho, selecione **Insert**, **Module** do menu do **VBA**.

Ferramentas visuais básicas

O Visual Basic é um ambiente de desenvolvimento poderoso. Embora este capítulo não possa oferecer um curso completo em VBA, se você é novo a essa tecnologia, deve tirar vantagem dessas ferramentas importantes:

Quando começar a escrever o código, o Excel pode oferecer menus suspensos com escolhas válidas. Esse recurso, conhecido como **AutoComplete**, permite que você digite código mais rapidamente e elimina erros de digitação.

Para assistência com alguma palavra-chave, coloque o cursor acima dela e pressione **F1**. Você pode precisar de DVDs de instalação pois o arquivo de ajuda do VBA pode ser excluído na instalação do Office 2010/2013/2016.

O Excel checa cada linha de código quando você termina. Linhas com **erros** aparecem em vermelho. **Comentários** aparecem em **verde**. Você pode adicionar um comentário digitando um apóstrofo simples. Use muitos comentários para que possa se lembrar o que cada seção de código está fazendo.

Apesar da checagem de erros mencionada anteriormente, o Excel ainda pode encontrar erros na hora de rodar. Se isso acontecer, clique no botão **Debug**.

A linha que causou o erro ficará destacada em amarelo. Coloque seu cursor sobre qualquer variável para ver seu valor atual.

Quando está no modo Debug, use o menu para passar de linha a linha pelo código. Se você tem um monitor largo, tente deixar a **janela do Excel** e a **janela do VBA** lado a lado. Dessa maneira, você poderá ver o efeito de rodar uma linha de código na pasta de trabalho.

Outras ótimas ferramentas de debug são **breakpoints**, a **Watch window**, o **Object Browser** e a janela **Immediate**. Você deve ler sobre essas ferramentas no menu de ajuda do Excel VBA.

Entendendo o código orientado a objetos

VBA é uma **object-oriented language**. A maior parte de suas linhas segue a sintaxe **Substantivo.Verbo**. Porém, em VBA, é chamado de **Objeto.Método**. Exemplos de objetos são **pastas de trabalho**, **planilhas**, **células** ou **um intervalo de células**. Métodos podem ser típicos em ações do Excel, como **.Copy**, **.Paste** e **.PasteSpecial**.

Muitos métodos permitem advérbios—parâmetros que você utiliza para especificar como realizar o método. Se ver uma construção com **a :=** (sinais de dois pontos e igual), você sabe que o gravador de macro está descrevendo como o método deve funcionar.

Você também pode ver o tipo de código que atribui um valor aos adjetivos de um objeto. No VBA, adjetivos são chamados de **propriedades**. Se você colocar **ActiveCell.Font.ColorIndex = 3**, está configurando a cor da fonte da célula ativa para vermelho. Observe que quando está lidando com propriedades, há somente um = (sinal de igual) e não a := (dois pontos e um igual).

Você precisa dominar algumas técnicas simples para escrever um código VBA eficiente. Essas técnicas lhe ajudarão a dar o primeiro passo.

Código para lidar com intervalos de qualquer tamanho

O gravador de macros registra no código que os dados estão em um intervalo fixo, como **A1:L87601**. Embora esse código fixo funcione para o conjunto de dados de hoje, pode não funcionar com outros conjuntos. Você precisa escrever códigos capazes de lidar com tipos diferentes de conjuntos de dados.

O gravador de macro usa sintaxe como **Range("H12")** para se referir a uma célula. Porém, é mais flexível utilizar **Cells(12, 8)** para se referir a célula na **Linhas 12, Coluna 8**. Similarmente, o gravador de macro se refere a um intervalo retangular como **Range("A1:L87601")**. Porém, é mais flexível usar a sintaxe **Cells** para se referir ao canto superior esquerdo do intervalo e usar a sintaxe **Resize()** para se referir aos número de linhas e colunas no intervalo. A maneira equivalente de descrever o intervalo precedente é **Cells(1, 1).Resize(87601,12)**. Esse método é mais flexível porque você pode substituir qualquer um dos números com uma variável.

Na interface de usuário do Excel, você pode usar a tecla **End** no seu teclado para pular para o final de um intervalo de dados. Se você mover o ponteiro da célula para a última linha da pasta de trabalho e pressionar o End seguido pela tecla **seta para cima**, o ponteiro da célula pula para a última linha. O equivalente a fazer isso no VBA é usando o código a seguir:

```
Range("A1048576").End(xlUp).Select
```

Você não precisa selecionar essa célula; você só precisa achar o número da última linha. O código a seguir localiza essa linha e salva seu número em uma variável chamada **FinalRow**:

```
FinalRow = Range("A1048576").End(xlUp).Row
```

Não há nada mágico sobre o nome da varíavel **FinalRow**. Você pode chamá-la de x, y ou até o nome do seu cachorro. Porém, como o VBA permite que crie nomes significativos, você deveria usar algo como FinalRow para descrever a linha final.

Também é possível achar a coluna final em um conjunto de dados. Se você está relativamente certo de que ele começa na linha 1, pode usar a tecla **End** combinada com a tecla da **seta esquerda** para pular da **célula XFD1** para a última coluna com dados. Para garantir compatibilidade com versões legacy do Excel, pode usar o código abaixo:

```
FinalCol = Cells(1, Columns.Count).End(xlToLeft).Column
```

Usando super variáveis: Variável de objeto

Em linguagens de programação típicas, uma variável guarda um só valor. Você pode usar x = 4 para atribuir o valor de 4 para a variável x.

Pense em uma única célula no Excel. Muitas propriedades a descrevem. Uma célula pode conter um valor como 4, mas também ter um tamanho de fonte, uma cor de fonte, uma linha, uma coluna, possivelmente uma fórmula ou comentário, uma lista de precedentes etc. No VBA, é possível criar uma super variável que contenha todas as informações sobre uma célula ou qualquer objeto. Uma declaração para criar uma variável típica como **x = Range("A1")** atribui o valor atual da A1 a variável x.

Porém, você pode usar a palavra-chave Set para criar uma variável de objeto:

```
Set x = Range("A1")
```

Agora você criou uma super variável que contém todas as propriedades da célula. Ao invés de ter uma com um só valor, ela agora pode acessar o valor de muitas propriedades associadas a aquela variável. Você pode fazer referência a x. Fórmula para aprender a fórmula em A1 ou x. ColorIndex para aprender a cor da célula.

Dica importante: Os exemplos nesse capítulo frequentemente configuram uma variável de objeto chamada **PT** para se referir a tabela dinâmica inteira. Desse modo, em qualquer momento que o código normalmente se referiria a **ActiveSheet.PivotTables**("PivotTable1"), você pode especificar **PT** para evitar digitar o texto mais longo.

Usando With e End With para encurtar o código

Você perceberá que frequentemente fará mudanças na tabela dinâmica. Embora o código a seguir é explicado mais a frente neste capítulo, todas essas linhas de código são configurações que mudam na tabela dinâmica:

```
PT.NullString = 0
PT.RepeatAllLabels xlRepeatLabels
PT.ColumnGrand = False
PT.RowGrand = False
PT.RowAxisLayout xlTabularRow
PT.TableStyle2 = "PivotStyleMedium10"
PT.TableStyleRowStripes = True
```

Para todas essas linhas de código, o VBA precisa entender o que você quer dizer com **PT**. Seu código rodará mais rápido se usá-lo apenas uma vez. Adicione uma linha inicial **With PT**. Assim, todas as linhas restantes não precisarão começar com ele. Se assume que qualquer linha que começa com um ponto final está se referindo ao objeto na declaração With. Termine o bloco de código usando uma declaração End With:

```
With PT
.NullString = 0
.RepeatAllLabels xlRepeatLabels
.ColumnGrand = False
.RowGrand = False
```

```
.RowAxisLayout xlTabularRow
.TableStyle2 = "PivotStyleMedium10"
.TableStyleRowStripes = True
End With
```

Construindo uma tabela dinâmica com o VBA do Excel

Projeto prático 3

Este projeto não tem a intenção de sugerir que você utiliza o VBA para criar tabelas dinâmicas destinadas aos seus clientes. Ao invés disso, o propósito desse projeto é te dar uma fundação forte em programação VBA e te lembrar que tabelas dinâmicas podem ser usadas para alcançar um objetivo. Você pode usar uma tabela dinâmica para extrair um resumo de dados e depois usar esse resumo em qualquer lugar. Então abra uma nova pasta de trabalho em seu VBE e comece a escrever código comigo!

No **Excel 2000 e mais novos**, você constrói primeiro um objeto PivotCache para descrever a área de entrada de dados:

```
Dim WSD As Worksheet
Dim PTCache As PivotCache
Dim PT As PivotTable
Dim PRange As Range
Dim FinalRow As Long
Dim FinalCol As Long
Set WSD = Worksheets("Data")

' Delete qualquer tabela dinâmica anterior
For Each PT In WSD.PivotTables
PT.TableRange2.Clear
Próximo PT
' Defina a input area e configure um PivotCache
FinalRow = WSD.Cells(Rows.Count, 1).End(xlUp).Row
     FinalCol = WSD.Cells(1, Columns.Count).End(xlToLeft).Column
     Set PRange = WSD.Cells(1, 1).Resize(FinalRow, FinalCol)
     Set PTCache =
     ActiveWorkbook.PivotCaches.Add(SourceType:=xlDatabase, _
        SourceData:=PRange)
```

```
Após definir o PivotCache, use o método CreatePivotTable para criar
uma tabela dinâmica em branco baseado no PivotCache definido:

 Set PT = PTCache.CreatePivotTable(TableDestination:=
 WSD.Cells(2, FinalCol + 2).TableName:=”PivotTable1”)
```

No método **Create PivotTable**, você especifica o local de saída e opcionalmente dá um nome a tabela. Após rodar essa linha de código, terá uma tabela dinâmica esquisita, como a mostrada na Fig. 7.4 Você agora precisa usar o código para colocar campos na tabela.

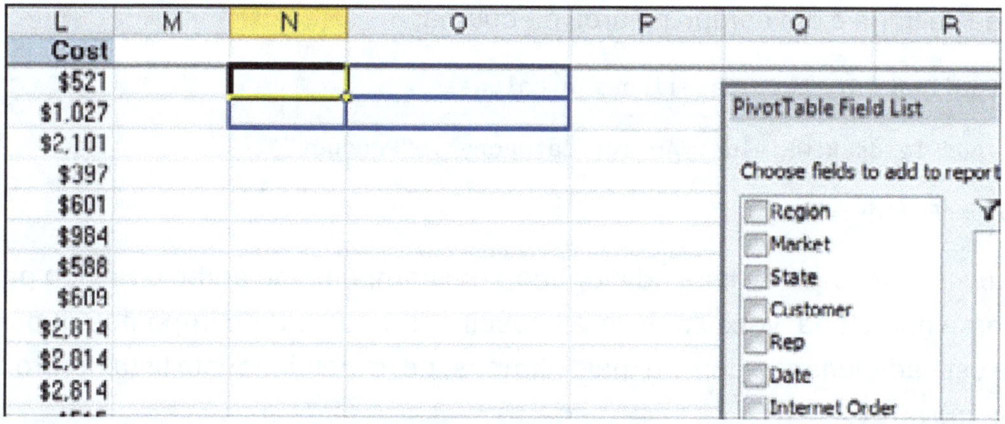

Fig. 7.4: Imediatamente após usar o método Create PivotTable, o Excel te dá uma tabela dinâmica em branco que não utilizável

Se você escolher a configuração Defer Layout Update, na interface de usuário, para construir a tabela dinâmica, o Excel não a recalcula após colocar os campos. Por padrão, o Excel calcula a tabela dinâmica enquanto você executa cada passo de sua construção. Isso pode exigir que a tabela dinâmica seja executada uma dúzia de vezes até chegar ao resultado final.

Para acelerar a execução do seu código, você pode desligar, temporariamente, os cálculos da tabela dinâmica usando a propriedade ManualUpdate:

```
PT.ManualUpdate = True
```

Você pode agora percorrer pelos passos necessários para configurar a tabela dinâmica. No método **.AddFields**, você pode especificar um ou mais campos que devem estar na linha, coluna ou área de filtros.

O parâmetro **RowFields** permite que você defina os campos que aparecerão na área de layout da Row Labels na PivotTable Field List. O parâmetro **ColumnFields** corresponde a área do layout da Column Labels. O parâmetro **PageFields** corresponde a área do layout da Report Filter.

A linha de código seguinte popula uma tabela dinâmica com dois campos na área da linha e um campo na área da coluna:

```
‘ Configure o campo das linhas e colunas

PT.AddFields RowFields:=Array(“Category”, “Product”), _

ColumnFields:=”Region”
```

Dica importante: Se está adicionando um campo único como o Region para a área da coluna, você só deverá especificar o nome do campo nos quotes. Se está adicionando dois ou mais campos, deve incluir aquela lista dentro da função array.

Embora a linha, coluna e campos de página da tabela dinâmica podem ser resolvidos com o método **.AddFields**, é melhor acrescentar campos para a área de dados usando o código descrito na próxima seção.

Adicionando campos a área de dados

Ao adicionar campos na área de dados da tabela dinâmica, tem muitas configurações que seria melhor você controlar ao invés deixar o IntelliSense (conclusão automática) do Excel definir.

Suponha que está construindo um relatório com receita. Você provavelmente irá querer somá-la. Se você especificar explicitamente o cálculo, o Excel percorre pelos dados no banco subjacente (dados brutos). Se 100% das colunas da receita são numéricas, o Excel soma. Se uma célula está em branco ou contém texto, o Excel decide contar a receita. Isso produz resultados confusos.

Por causa de possível variabilidade, você nunca deve usar o argumento DataFields no método AddFields. Ao invés, mude a propriedade do campo para xlDataField. Você pode depois especificar a Function para ser xlSum.

Enquanto está configurando o campo de dado, pode mudar diversas propriedades com o mesmo bloco With...End.

A propriedade Position é útil quando adicionamos vários campos a área de dados. Especifique 1 para o primeiro campo, 2 para o segundo e assim em diante.

Por padrão, o Excel renomeia um campo Revenue para um nome estranho como Sum of Revenue. Você pode usar a propriedade .Name para mudar aquele cabeçalho para algo normal. Observe que não pode reusar a palavra Revenue como nome, mas pode usar "Revenue " (com espaço).

Não é necessário especificar um formato numérico, mas isso pode fazer com que a tabela dinâmica resultante seja mais fácil de entender e só precisa de uma linha a mais de código.

```
‘ Configure os campos de dados
With PT.PivotFields(“Revenue”)
.Orientation = xlDataField
.Function = xlSum
.Position = 1
.NumberFormat = “#,##0”
.Name = “Revenue “
End With
```

Formatando a tabela dinâmica

A Microsoft introduziu o Compact Layout para tabelas dinâmicas no Excel 2007. Tem 3 layouts disponíveis no Excel 2010, 2013 e 2016. Por padrão, O Excel deve usar o layout Tabular. Isso é bom pois a visualização tabular é uma das que faz mais sentido. Não custa nada acrescentar uma linha de código para assegurar que você consiga o layout desejado:

```
PT.RowAxisLayout xlTabularRow
```

No layout tabular, cada campo na área da linha está em uma coluna diferente. Subtotais sempre aparecem no fundo de cada grupo. Esse é o layout que existe a mais tempo e o mais propício para reutilizar o relatório da tabela dinâmica para uma análise mais aprofundada.

A interface de usuário do Excel, normalmente, apresenta o layout compacto. Nesse layout, vários campos de coluna são empilhados em uma única coluna no lado esquerdo da tabela dinâmica. Para criar esse layout, use o código a seguir:

```
PT.RowAxisLayout xlCompactRow
```

A única limitação de um layout tabular é não poder mostrar os totais no topo de cada grupo. Se você precisar disso, troque para o layout Outline e mostre os totais no topo de cada grupo:

```
PT.RowAxisLayout xlOutlineRow
PT.SubtotalLocation xlAtTop
```

Sua tabela dinâmica herda as configurações de estilo de tabela selecionado como o padrão do computador que rodar o código. Se quiser ter controle sobre o formato final, você pode explicitamente escolher um estilo de tabela. O código a seguir aplica as linhas com sombreamento intercalado (banded rows) e um estilo médio:

```
' Formate a tabela dinâmica
PT.ShowTableStyleRowStripes = True
PT.TableStyle2 = "PivotStyleMedium10"
```

Neste momento, você deu ao VBA todas as configurações necessárias para corretamente gerar a tabela dinâmica. Se você colocar o ManualUpdate para False, o Excel calcula e desenha a tabela dinâmica. Depois disso, você pode imediatamente voltar para True usando este código:

```
' Calcule a tabela dinâmica
PT.ManualUpdate = False
PT.ManualUpdate = True
```

Agora você tem uma tabela dinâmica completa como a mostrada na Fig. 7.5:

N	O	P	Q
Sum of Revenue		Region	
Category	Product	Midwest	North
Bar Equipment	Bar Cover	1,328	
	Cocktail Shaker 28 Oz	4,607	1,681
	Commercial Bar Blender	1,704	
	Garnish Center	455	51
	Glass Rimmers Triple Brushes	8,760	3,360
	Glass Rimmers Twin Brushes	1,278	846
	High Power Blender Easy-To-Clean El	1,500	
	High Power Blender With Paddle Switc	1,125	
	One Gallon Blender	16,540	5,440
	Speed Rail 10 Quart/Liter Bottle Capac	753	369
	Speed Rail 5 Quart/Liter Bottle Capacit	989	184
	Speed Rail 8 Quart/Liter Bottle Capacit		
	Spindle Drink Mixer Single Spindle $ 27	1,650	
	Spindle Drink Mixers 32 Oz. S/S Contai	1,428	83
	Spindle Drink Mixers 48 Oz. Poly. Conta	21,505	8,131
Bar Equipment Total		**63,621**	**20,145**
Commercial Appliance	21/2 Qt. Cap. Batch Bowl	3,520	4,154
	21/2 Qt. Cap. Batch Bowl/Continuous Fe	7,750	4,340
	21/2 Qt. Cap. Dicing Food Processor	30,689	
	4 Qt. Cap. Batch Bow	36,998	3,436

Fig. 7.5: Menos de 50 linhas de código criam essa tabela dinâmica em menos de um segundo

Abaixo está o código completo utilizado para gerar a tabela dinâmica:

```
Dim PRange como Range
Dim FinalRow como Long
Set WSD = Worksheets("Data")
' Delete qualquer tabela dinâmica anterior
For Each PT In WSD.PivotTables
PT.TableRange2.Clear
Próximo PT
WSD.Range("N1:AZ1").EntireColumn.Clear
' Defina a input area e configure um PivotCache
FinalRow = WSD.Cells(Application.Rows.Count, 1).End(xlUp).Row
FinalCol = WSD.Cells(1, Application.Columns.Count). _
End(xlToLeft).Column
Set PRange = WSD.Cells(1, 1).Resize(FinalRow, FinalCol)
Set PTCache = ActiveWorkbook.PivotCaches.Add(SourceType:= _
xlDatabase, SourceData:=PRange.Address)
' Crie a tabela dinâmica a partir do PivotCache
Set PT = PTCache.CreatePivotTable(TableDestination:=WSD. _
Cells(2, FinalCol + 2), TableName:="PivotTable1")
' Desligue a atualização enquanto constroi a tabela
PT.ManualUpdate = True
' Configure o campo das linhas e colunas
PT.AddFields RowFields:=Array("Category", "Product"), _
ColumnFields:="Region"
' Configure os campos de dados
With PT.PivotFields("Revenue")
.Orientation = xlDataField
.Function = xlSum
.Position = 1
.NumberFormat = "#,##0"
End With
' Formate a tabela dinâmica
PT.RowAxisLayout xlTabularRow
PT.ShowTableStyleRowStripes = True
PT.TableStyle2 = "PivotStyleMedium10"
' Calcule a tabela dinâmica
PT.ManualUpdate = False
PT.ManualUpdate = True
WSD.Activate
```

```
Cells(2, FinalCol + 2).Select
End Sub
```

Capítulo 8: Dicas, truques e técnicas avançadas

Para trazer este livro a um doce fim, gostaria de oferecer algumas dicas, truques e técnicas avançadas que farão você trabalhar mais rápido, salvar tempo ao criar tabelas dinâmicas e outras funções do Excel.

1. Force tabelas dinâmicas a atualizar automaticamente

Em algumas situações, você pode precisar que suas tabelas se atualizem automaticamente. Por exemplo, suponha que criou um relatório de tabela dinâmica para seu gerente. Não é possível confiar que ele irá atualizar a tabela quando necessário.

Você pode forçar cada tabela dinâmica a atualizar automaticamente quando a pasta de trabalho abre seguindo estes passos a seguir:

1. Clique direito na sua tabela dinâmica e selecione **PivotTable Options**.

2. N caixa de diálogo ativada, selecione a aba **Data**.

3. Selecione a caixa de seleção **Refresh Data When Opening the File**.

Quando essa propriedade é ativada, a tabela dinâmica atualiza sozinha cada vez que a pasta de trabalho é aberta.

2. Atualize todas as tabelas dinâmicas em uma pasta de trabalho ao mesmo tempo.

Quando você tem várias tabelas dinâmicas em uma pasta de trabalho, atualizar todas pode ser um incômodo. Existem várias maneiras de evitar esse problema. Aqui estão algumas opções:

Opção 1: Você pode configurar cada tabela dinâmica em sua pasta de trabalho para automaticamente atualizar quando a pasta abre. Para isso, clique como o botão direito do mouse na sua tabela e selecione **PivotTable Options**. Isso ativa caixa de diálogo PivotTable Options. Depois, selecione a aba Data e selecione a caixa de seleção Refresh Data When Opening the File. Depois de ter configurado todas as suas tabelas dinâmicas da pasta de trabalho, elas atualizarão automaticamente quando a pasta for aberta.

Opção 2: Você pode criar um macro para atualizar cada tabela dinâmica da pasta de trabalho. Essa opção é ideal para quando você precisar atualizar suas tabelas sob demanda. A ideia é começar a gravar um macro. Enquanto ele está gravando, simplesmente vá para cada tabela dinâmica na sua pasta de trabalho e atualize. Após todas as tabelas estarem atualizadas, pare a gravação. O resultado é um macro que pode ser executado a qualquer momento que precise atualizar todas as tabelas dinâmicas.

Opção 3: Você pode usar o VBA para atualizar todas as tabelas dinâmicas da pasta de trabalho sob demanda. Essa opção pode ser usada quando é impraticável gravar e manter macros que atualizam todas as tabelas dinâmicas. Essa abordagem implica no uso do método RefreshAll do objeto da pasta de trabalho. Para empregar essa técnica, comece um novo module e digite o código a seguir:

```
Sub Refresh_All()
ThisWorkbook.RefreshAll
End Sub
```

Você pode agora chamar esse procedimento em qualquer momento que quiser atualizar todas as tabelas dinâmicas dentro da sua pasta de trabalho.

3: Organize itens de dados em uma ordem única (não ascendente ou descendente)

A Fig. 8.0 mostra a sequência padrão de regiões em um relatório de tabela dinâmica. Alfabeticamente, as regiões são mostradas na sequência de Midwest, North, South e West. Se sua empresa é baseada na California, as tradições podem ditar que a região West deva ser mencionada primeiro, seguido pelo Midwest, North e South. Infelizmente, nem uma ordem de classificação crescente nem ordem de classificação decrescente podem te ajudar.

	A	B	C	D	E	F
1						
2						
3	**Sum of Sales_Amount**	**Column Labels**				
4	**Row Labels**	**MIDWEST**	**NORTH**	**SOUTH**	**WEST**	**Grand Total**
5	Cleaning & Housekeeping Services	$174,518	$534,282	$283,170	$146,623	$1,138,593
6	Facility Maintenance and Repair	$463,077	$606,747	$846,515	$444,820	$2,361,158
7	Fleet Maintenance	$448,800	$610,791	$1,046,231	$521,976	$2,627,798
8	Green Plants and Foliage Care	$93,562	$155,021	$157,821	$870,379	$1,276,783
9	Landscaping/Grounds Care	$190,003	$299,309	$335,676	$365,928	$1,190,915
10	Predictive Maintenance/Preventative Maintenance	$478,928	$572,860	$472,045	$655,092	$2,178,925
11	**Grand Total**	**$1,848,887**	**$2,779,009**	**$3,141,458**	**$3,004,818**	**$10,774,172**
12						
13						

Fig. 8.0: Sequência padrão de regiões em um relatório de tabela dinâmica

Você pode reorganizar itens de dados na sua tabela dinâmica manualmente simplesmente digitando o nome exato item onde gostaria de ver o dado. Você também pode arrastá-lo para onde quiser. Para resolver o problema neste exemplo, simplesmente digite a palavra **West** na célula **B4** e pressione Enter. A tabela dinâmica responde reorganizando as regiões. Os US$ 3 milhões em vendas para a região West move automaticamente da coluna E para a coluna B. As regiões restantes movem para as próximas duas colunas.

4: Transforme uma tabela dinâmica em dados brutos

Você criou sua tabela dinâmica para resumir e modelar seus dados. Mas não quer manter a fonte dos dados ou a tabela dinâmica com toda a sua sobrecarga.

Transformar sua tabela dinâmica em dados brutos permite que utilize seus resultados sem precisar lidar com a fonte de dados ou um PivotCache. Como transformar sua tabela dinâmica em dados brutos depende do quanto que sua tabela você vai copiar.

Se está copiando só uma parte da sua tabela dinâmica, siga os passos a seguir:

1. Selecione os dados que quer copiar e depois clique com o botão direito do mouse e selecione **Copy**.

2. Clique com o botão direito do mouse em qualquer lugar de uma planilha e selecione **Paste**.

Se você está copiando sua tabela dinâmica inteira, siga esses passos:

1. Selecione a tabela dinâmica inteira, clique com o botão direito e selecione Copy.

2. Clique com o botão direito do mouse em qualquer lugar da planilha e selecione **Paste Special**.

3. Selecione Values e clique em **OK**.

Dica importante: Considere remover quaisquer **subtotais** antes de transformar sua tabela dinâmica em dados brutos. Subtotais não são muito úteis quando se está criando um conjunto de dados **autônomo**.

Para remover os subtotais da sua tabela, primeiro identifique o campo pelo qual estão sendo calculados. Depois clique com o botão direito do mouse no cabeçalho do campo (na própria tabela dinâmica ou no **PivotTable Field List**) e selecione **Field Settings**. Selecionar esta opção abre a caixa de diálogo Field Settings. Aqui, você pode mudar a opção Subtotais para **None**. Após clicar em **OK**, seus subtotais serão removidos.

5: Preencha as células vazias pelos campos de linha

Quando você transforma uma tabela dinâmica em dados brutos, sobram não só com os valores criados pela tabela mas também a estrutura dos dados. Por exemplo, os dados na Fig. 8.1 vieram de uma tabela dinâmica que tinha um layout tabular.

Perceba que o campo Market manteve a estrutura de linha que possuía quando os dados estavam na área da linha da tabela dinâmica. Não seria sábio usar essa tabela em qualquer outro lugar sem preencher as células vazias deixadas pelo campo da linha, mas como podemos facilmente preencher essas células?

	A	B	C	D
1				
2				
3	**Region**	**Market**	**Product_Description**	**Sum of Sales_Amount**
4	**⊟MIDWEST**	**⊟DENVER**	Cleaning & Housekeeping Services	$12,564
5			Facility Maintenance and Repair	$160,324
6			Fleet Maintenance	$170,190
7			Green Plants and Foliage Care	$42,409
8			Landscaping/Grounds Care	$73,622
9			Predictive Maintenance/Preventative Maintenance	$186,475
10		**DENVER Total**		**$645,583**
11		**⊟KANSASCITY**	Cleaning & Housekeeping Services	$65,439
12			Facility Maintenance and Repair	$132,120
13			Fleet Maintenance	$133,170
14			Green Plants and Foliage Care	$35,315
15			Landscaping/Grounds Care	$52,442
16			Predictive Maintenance/Preventative Maintenance	$156,412
17		**KANSASCITY Total**		**$574,899**
18		**⊟TULSA**	Cleaning & Housekeeping Services	$96,515
19			Facility Maintenance and Repair	$170,632
20			Fleet Maintenance	$145,440
21			Green Plants and Foliage Care	$15,838
22			Landscaping/Grounds Care	$63,939
23			Predictive Maintenance/Preventative Maintenance	$136,041
24		**TULSA Total**		**$628,405**
25	**MIDWEST Total**			**$1,848,887**

Fig. 8.1: Não seria prático usar esses dados em qualquer outro lugar sem preencher as células vazias deixadas pelo campo da linha

O Excel 2010, 2013 e 2016 fornecem maneiras bem efetivas de resolver esse problema. Um deles é explicado abaixo:

Implemente a nova ferramenta Repeat All Data Items

Você pode aplicar a nova funcionalidade do Excel chamada **Repeat Item Labels**. Esse novo recurso assegura que todos os rótulos de itens são repetidos para criar um bloco sólido de células contíguas. Para implementar esse recurso, coloque seu cursor em qualquer lugar da tabela dinâmica. Depois, vá para a barra de ferramentas e selecione Design, Report Layout, **Repeat All Item** labels (veja Fig. 8.2).

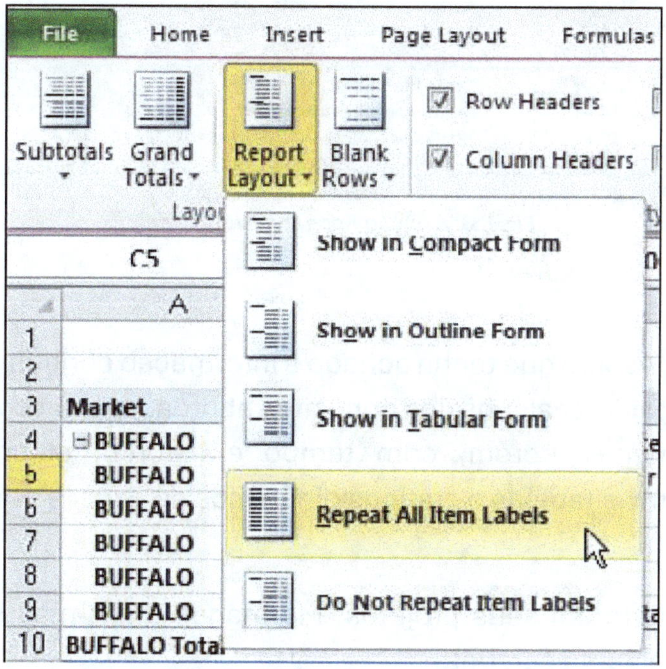

Fig. 8.2: A opção Repeat All Item Labels permite que você

Fig. 8.3 mostra como uma tabela dinâmica com esse recurso se parece:

	A	B	C	D
1				
2				
3	Region	Market	Product_Description	Sum of Sales_Amount
4	⊟MIDWEST	⊟DENVER	Cleaning & Housekeeping Services	$12,564
5	MIDWEST	DENVER	Facility Maintenance and Repair	$160,324
6	MIDWEST	DENVER	Fleet Maintenance	$170,190
7	MIDWEST	DENVER	Green Plants and Foliage Care	$42,409
8	MIDWEST	DENVER	Landscaping/Grounds Care	$73,622
9	MIDWEST	DENVER	Predictive Maintenance/Preventative Maintenance	$186,475
10	**MIDWEST**	**DENVER Total**		**$645,583**
11	MIDWEST	⊟KANSASCITY	Cleaning & Housekeeping Services	$65,439
12	MIDWEST	KANSASCITY	Facility Maintenance and Repair	$132,120
13	MIDWEST	KANSASCITY	Fleet Maintenance	$133,170
14	MIDWEST	KANSASCITY	Green Plants and Foliage Care	$35,315
15	MIDWEST	KANSASCITY	Landscaping/Grounds Care	$52,442
16	MIDWEST	KANSASCITY	Predictive Maintenance/Preventative Maintenance	$156,412
17	**MIDWEST**	**KANSASCITY Total**		**$574,899**
18	MIDWEST	⊟TULSA	Cleaning & Housekeeping Services	$96,515
19	MIDWEST	TULSA	Facility Maintenance and Repair	$170,632
20	MIDWEST	TULSA	Fleet Maintenance	$145,440
21	MIDWEST	TULSA	Green Plants and Foliage Care	$15,838
22	MIDWEST	TULSA	Landscaping/Grounds Care	$63,939
23	MIDWEST	TULSA	Predictive Maintenance/Preventative Maintenance	$136,041
24	**MIDWEST**	**TULSA Total**		**$628,405**
25	**MIDWEST Total**			**$1,848,887**

Fig. 8.3: A opção Repeat All Item Labels

Conclusão

Querido leitor, espero que tenha achado a informação contida neste livro útil. Você pode considerar alguns dos conceitos abordados aqui confusos em um primeiro momento. Porém, com tempo e esforço, alcançará grandes resultados com as tabelas e gráficos dinâmicos do Excel e criará tudo o que quiser.

Desejo toda sorte em seus projetos. Me mande um e-mail se precisar de ajuda ou tiver alguma pergunta.

Meus cumprimentos,

Bolakale Aremu

ABPublisherLLC@gmail.com

www.ingramcontent.com/pod-product-compliance
Lightning Source LLC
LaVergne TN
LVHW082043051026
849532LV00011B/3460